Durch den wilden Kaukasus

S. კორძაია-სამადაშვილი

G. Merzbacher

აბო იაშაღაშვილი

GOTTFRIED MERZBACHER
ANNA KORDSAIA-SAMADASCHWILI
ABO IASCHAGHASCHWILI

DURCH DEN WILDEN
KAUKASUS

GESCHICHTEN ÜBER DAS GEORGISCHE
TRAUMLAND SWANETIEN

ILLUSTRIERT VON KAT MENSCHIK
GALIANI BERLIN

Inhalt

Gottfried Merzbacher

IM WILDEN SWANETIEN

Swanetien und die Swaneten.

Wie schon hervorgehoben, saßen die Swaneten in den Tagen, da Griechen und Römer nach Kolchis kamen, zufolge den Nachrichten, welche uns die Historiker und Geographen dieser alten Völker übermittelt haben, schon an den Stätten ihrer jetzigen Wohnsitze, nur dass diese damals sich weit mehr nach Westen und Osten erstreckten. Heute wohnen die Swaneten nur mehr an den Oberläufen, also in den Ost–West gerichteten, beckenartigen Längenhochtälern des Zchenes-zchali- und des Ingurflusses bis zu ihrer Umbiegung nach Süden, sowie in deren Seitentälern.

Das Swanetien des Ingur und seiner Nebentäler gliedert sich in zwei Teile. Der westliche Zweig des Ingur-Tales und seiner Nebentäler, dessen Gebiet und Einwohnerschaft sich vor fast drei Jahrhunderten ein aus Norden eingewandertes, wahrscheinlich kabardinisches Geschlecht, die Dadisch Kiliani, nach und nach zu eigen machten, wird dementsprechend heute noch das »Dadisch-Kilianische« oder »Fürstliche« Swanetien genannt. Der östliche Teil des Ingur-Tales, d. i. der Oberlauf des Flusses auf einer Ausdehnung von 50 km, bildet zusammen mit dem durch den Zug der Sagari-Kette getrennten Paralleltal des Mulchra-tschala bis zu dessen Vereinigung mit dem Ingur, also auf einer Längserstreckung von 35 km, und mit den einmündenden Quertälern heute das »freie Swanetien«, so genannt, weil die Bewohner dieses Gebietes Jahrhunderte lang keinerlei Oberherrlichkeit anerkannten und sich in selbständige, voneinander völlig unabhängige Dorfschaften gliederten.

Der Name Swanetien, im Georgischen Swaneti, Land der Swanen, dankt nach der georgischen Chronik des Wachuscht seine Entstehung dem Umstande, dass zur Zeit, als das Gebiet von Dzurdzuketi, so genannt nach Dzurdzukos, Enkel des Kawkasos, welchem das Gebiet am Terek (Lomis) als Erbe zufiel, seine zahlreiche Bevölkerung nicht mehr ernähren konnte, ein König Saurmag, Sohn des Pharnawas mit zahlreichem Volke aufbrach und seinen Wohnsitz, seinen Zufluchtsort (georg. - Sawane) in der Gegend der Ingurquellen fand.

Schon die geographische Lage ihrer Wohnsitze schloss die Swaneten durch hohe, schwer überschreitbare Gebirge – während eines größeren Teiles des Jahres sogar unpassierbar – von den östlichen Karthwelern ab und wies sie vielmehr auf engere Verbindung mit dem westlichen, kolchischen Zweig der Letzteren an.

Griechischen und römischen Überlieferungen dürfen wir, als von geistig höher stehenden Völkern stammend, mehr Glauben schenken, als den unklaren kaukasischen Chroniken. Die Nachrichten der alten Geographen aber, so des Plinius, Strabo und Ptolemäus, erwähnen der Swanen (Soanes, Soani, Swanetae etc.), als eines mächtigen Volkes, und nach Strabo, Geographie, Buch XI. Kap. 2., konnten sie 200 000 Reiter stellen. Wenn uns diese Autoren als die Wohnsitze der Soanes unter anderen auch jene Gegenden bezeichnen, wo wir sie heute noch sehen, so ist es doch andererseits zweifellos, dass sie annahmen, sie hätten sich auch über das benachbarte Gebiet ausgebreitet bis zur kolchischen Küste, worauf auch die Bezeichnung Swano-Kolchier (Soano-Colchi), welche Claudius Ptolemäus anwendet, hinweist. In einem räumlich so eng beschränkten und abgeschlossenen Gebiet, wie das heutige Swanetien es ist, hätte sich ein mächtiges Volk nie entwickeln können, und es mangelt ja nicht an genügenden Beweisen für ihre frühere bedeutende Machtstellung und größere Ausbreitung, wovon später die Rede sein wird. Wir müssen also die heutigen Swanen als ein Überbleibsel verschiedener alter, kolchischer Stämme, wie der Heruler, Tibarener, Kolchier, Soanes etc. ansehen, die, nahe mit einander verwandt, von den alten Autoren in ein einziges, großes Volk zusammengefasst wurden.

Die Schilderung Procops von den Tsanes, einem Volke, unter welchem nur die Swanen gemeint sein können, stimmt nahezu vollständig mit allem überein, was später von ihnen bekannt wird; auch er hebt hervor, dass sie ein räuberisches Volk seien, welches stets plündernd in die umliegenden Länder einfalle. Die römischen Kaiser suchten sie durch jährliche Tributzahlung von ihren Beutezügen abzuhalten, was jedoch nicht immer gelang, sodass Augustus schließlich mit Waffengewalt gegen das unbändige Volk vorzugehen gezwungen war.

Man ist wohl zu schließen berechtigt, dass die swanetische Kultur keineswegs ein Kulturableger der grusinischen ist, sondern älter als Letztere und unabhängig von ihr sich entwickelte. Obwohl die Sage bei den Swaneten die Entstehung der Kirchenbauten, wie überhaupt alles Bedeutende an Menschenwerk im Lande, der Zeit der Königin Tamara (1184–1212) zuschreibt, obwohl nach Bakradses Untersuchungen ältere Handschriften, als bis 1033 zurückreichend, in den Kirchen nicht gefunden wurden, so geht doch aus ihrer Bauart und Ausschmückung hervor, dass sie einer früheren Kulturperiode angehören und mit hoher Wahrscheinlichkeit aus der allerersten Zeit der Einführung des Christentums im Kaukasus stammen. Auch viele der alten Kirchengefäße, Kreuze, Heiligenbilder etc. zeugen von einem Kunststil, der auf weiter zurückliegende Zeit hinweist, als auf das X.-XII. Jahrhundert, zu welcher Zeit die ältesten Kunstgewerke grusinischer Kirchen und Klöster entstanden sind.

Das Christentum kann bei den Swaneten nach seiner Einführung nur auf kurze Dauer die herrschende Religion gewesen sein, zeitweise von dem unter der kraftvollen Sassaniden-Dynastie in ganz Transkaukasien sich ausbreitenden Mazdeismus verdrängt, bald wieder unter dem Einfluss des rohen Heidentums umwohnender Bergvölker in einen Kultus ausartend, der mit christlichen Anschauungen nur mehr wenig gemein hatte. Besonders der persische Mazdeismus zeitigte im Kaukasus eine kräftige Zivilisation, welche den Kulturformen und dem Hierarchismus von Byzanz nur eine kurze Dauer der Blüte gewährte. Als jedoch die Araber 646 unter dem furchtbaren Murwan Kru (der Taube) in das Kuratal einbrachen, begann eine allgemeine Bekehrung der Volksmassen zum Islam, und das Christentum verschwand für 4 Jahrhunderte nahezu gänzlich aus dem Kaukasus. Nur in einigen entlegenen Hochtälern Mingreliens, deren Bewohner dem Einflusse der Araber entrückt, ihre uralte Verbindung mit Byzanz aufrecht erhielten, konnte es sich behaupten. Erst als das arabische Reich schon in sich geschwächt war und die Kreuzzüge die ganze Aufmerksamkeit und Kraft der Bekenner des Islam nach Syrien und Palästina ablenkten, begannen die einheimischen Völker sich wieder aufzuraffen, und die christliche Religion breitete sich von neuem in Transkaukasien aus.

Zuerst war es ein kleiner Dynast, David, Sohn des Adarnase Curopalates, der in den meskhischen Bergen herrschte und am Ende des X. Jahrhunderts mit Hilfe der Byzantiner erfolgreich seine Herrschaft auch im Rion- und Kuratale, wie in den angrenzenden Gebieten ausbreitete. Innere Streitigkeiten des Feudaladels unter sich und die verheerenden Einfälle der Seldschuken unter Togrul Beg (1047) und Arp-Arslan (1078) vernichteten bald wieder die Selbständigkeit dieses Staatswesens. Die einzelnen Stämme des westlichen Transkaukasien fuhren fort, sich in blutiger Weise zu befehden, wobei es den Swaneten gelang, sich für einige Zeit gänzlich unabhängig zu machen. Erst als ein neues Herrschergeschlecht sich emporschwang und in der Person des kraftvollen David II. mit dem Beinamen, der Wiederhersteller, (1089–1125) aus dem Geschlechte der Bagratiden, die Muhamedaner verjagte und alle kaukasischen Stämme und Länder von neuem zusammenfasste, mussten auch die Swanen sich wieder unterwerfen. Unter der Enkelin dieses starken Kriegers, der klugen und energischen Königin Tamara (1184–1212), erreichte das großkarthwelische Reich seine höchste politische Macht und bedeutendste Kulturentwicklung. Der Machtbereich dieser Herrscherin erstreckte sich über den ganzen kaukasischen Isthmus und einen Teil Kleinasiens und Persiens, von Trapezunt und Erzerum bis zum kaukasischen Hauptkamm und vom Pontus zum Kaspi-See. Poesie, Baukunst und alle Gewerbe gelangten zu hoher Blüte; allerdings war diese Kulturentwicklung keine selbständige, sondern stellt sich als eine besondere Umbildung aus Byzanz stammender Kunstformen dar, vermischt mit persischen Traditionen; Byzanz verblieb überhaupt für die karthwelischen Völker der geistige Brennpunkt, zu welchem die Jugend pilgerte, ihre Ausbildung in Kunst und Wissenschaft sich dort zu erwerben. Dieser mächtigen Fürstin werden im Munde der karthwelischen Völker alle wichtigen Taten zwischen dem XII. und XIII. Jahrhundert zugeschrieben, gleichviel, ob sie in ihre Regierungszeit fallen oder nicht, und jedes bedeutende Bauwerk in ganz Transkaukasien verdankt nach der Sage der Königin Tamara seine Entstehung, gerade wie der Volksmund alle hervorragenden, alten Bauten in Persien von Chosroes, in Ägypten von Ramses, in Zentralasien von Iskander (Alexander d. Gr.) herrühren lässt etc.

Erst in dieser Zeit fällt nun der ausschlaggebende Einfluss der Grusier auf die Swanen und damit die zweite christliche

Kulturperiode des durch Jahrhunderte währende äußere Kämpfe und innere Fehden in Barbarei und Heidentum zurückgefallenen Volkes. Tamara soll mit Vorliebe in Swanetien residiert haben und nahm somit persönlichen Anteil an dessen Hebung auf ein höheres Kulturniveau; ihr erster Staatsmann und ihre zwei großen Feldherrn, die Brüder Mchargdselidse, sollen Swaneten gewesen sein; diese sehen sie als eine Tochter ihres Stammes an. Trotzdem für das karthwelische Reich nach Tamaras Tode bald wieder eine Zeit des Verfalles eintrat und das Geschick der Swanen sich nun unterbrochen in Bezug auf Macht, Ansehen, Glauben und Kultur in absteigender Linie bewegte, bis zur völligen Verrohung, Ohnmacht und – Vergessenheit, so ist die Erinnerung an die große Königin und ihre glorreiche Zeit nie mehr aus dem Gedächtnis der Swaneten geschwunden und lebt in bei jeder festlichen Gelegenheit gesungenen Liedern und Sagen stetig fort. Mehrere Orte in Swanetien streiten sich um die Ehre, Tamaras Grabstätte zu besitzen, so auch Uschkul im freien Swanetien.

Als unter den Nachfolgern Tamaras, Georg IV. Lascha (1212 bis 1223), dann der lasterhaften Königin Russudan (1223–1247), innere Zwistigkeiten das Reich von neuem zerrütteten und die Einfälle der Mongolen begannen, wurde rasch fast ganz Transkaukasien eine Beute der fremden Eroberer und nur die kolchischen Provinzen konnten sich (zu Beginn des XIV. Jahrhunderts unter König David Narin und seinen Nachfolgern) eine gewisse Selbständigkeit erhalten. Die Swaneten benutzten dies, um sich in gewohnter Weise wiederum unabhängig zu machen und wurden durch wiederholte Einfälle in das Gebiet der benachbarten Völker diesen gefährlich. Zur Organisation eines festgefügten Staatswesens aber brachten sie es niemals; nach außen hielten sie zusammen, nach innen bekriegten sie sich und nur der Starke gewann innerhalb eines engbegrenzten Machtbereiches Stellung und Ansehen. In dieser dunkelsten Zeit karthwelischer Geschichte scheint sich der zu Unabhängigkeit und Trotz neigende Charakter der Swanen vorzüglich ausgebildet zu haben. Jedes Gefühl der Zusammengehörigkeit schwand und äußerte sich nur mehr in der Vereinigung zu gemeinschaftlichen Überfällen und Beutezügen; sonst stand ein Dorf gegen das andere. Im Zusammenhang mit der Sitte der Blutrache, welche sich bei den kaukasischen Völkern in so furchtbarer Weise entwickelte, wie bei wenig anderen, entstand eine Art Faustrecht. Jeder begegnete seinem Nächsten mit Scheu und Misstrauen; Vieh- und Weiberraub waren Heldentaten, in welchen man Ruhm und Vorteil suchte. Totschlag ergab sich als Folge und hieraus entwickelten sich wieder endlose Blutfehden. Menschenleben wurde für nichts geachtet und mit kaltem Blute machte jeder seinen Gegner nieder, wo immer er ihn fand. Damals erst entstand die Swanetien eigentümliche Architektur, jene mächtigen, befestigten Steinhäuser mit ihren hohen Türmen, welche heute unsere Verwunderung erregen; solche Verhältnisse machen jedoch ihre Entstehung erst erklärlich. Jedes Haus war ein Kastell; nur im Schutze ihrer Mauern und Türme konnte jede Familie ihren Feinden Trotz bieten und gemeinsam jedes Dorf dem Ansturm der Feinde aus anderen Dörfern.

SCHCHARA
5193 m

KAUKASUS-ANEMONE
Anemone fasciculata

STERNDOLDE

Astrantia maxima

WIESEN-KNÖTERICH

Bistorta officinalis

KAUKASUS-
VERGISSMEINNICHT

Brunnera macrophylla

Die Bewohner des östlichen Teiles des Ingur-Tales, sowie die des parallelen Mulchra-Tales aber wahrten ihre völlige Unabhängigkeit und ihr Land bildet heute das sogenannte »Freie Swanetien«. Die beiden genannten Bergströme fließen in enger, felsiger Rinne, aber die begrenzenden Talwände (vielfach gefaltete alte Tonschiefer) erscheinen in staffelförmiger Abdachung aus übereinandergestellten, breiten Terrassen aufgebaut. Diese sind von den saftigsten Bergwiesen, höher oben von mächtigen, dichten Wäldern bedeckt, bis mitten in deren dunkles Grün sich allseits die Eiszungen ungeheurer Firnfelder herabschieben, im Norden, Osten und Westen die des Hauptkammes, im Süden jene der Laila-Kette. Auf diesen weiten Terrassen und Vorsprüngen sind zahlreiche Ortschaften, inmitten von Kulturen und Wiesengründen angelegt, und wie ihre turmbewehrten, festungsgleichen Bauten, meist blendend weiß gestrichen, aus dem leuchtenden Grün der Alpentriften emporstreben, in unmittelbarer Nachbarschaft ungeheurer Eiskaskaden, die ringsum von einem nahezu 100 km spannenden, völlig vergletscherten Wall herabziehen, – nur gebrochen durch in der massigen Selbständigkeit ihrer Vertikallinien wahrhaft imposante Gipfelklippen –, erscheinen sie in ihrer Gesamtheit als ein Bild, dem ich an Eigentümlichkeit, an Stärke der Gegensätze, keines in irgendwelchem anderen Hochgebirge zur Seite zu stellen wüsste.

Auch das freie Swanetien besteht aus verschiedenen Dorfgenossenschaften. Die vollständige Auflösung jeder gesellschaftlichen Organisation und der absolute Mangel an Autorität, sowie irgendwelcher Gesetze unter den freien Swanen, Verhältnisse, die als Folge der über alles gehenden Blutrache, sowie ewiger Streitigkeiten um die Weideplätze erscheinen, – und die damit Hand in Hand gehende Verwilderung der Sitten, hatten unaufhörliche Mordtaten und Gewalttätigkeiten gezeitigt. Dieser völlig anarchische Zustand aber, in welchem Recht und Macht des Einzelnen untergingen, rief schließlich doch ein Bedürfnis zu gegenseitigem Schutz hervor. Da man nur das als Eigentum betrachten konnte, was man zu verteidigen imstande war, so schlossen sich, um die Weideplätze, die Herden, die Familien zu schützen, Gruppen von Dörfern, innerhalb natürlicher Grenzen, zu Dorfgemeinschaften zusammen, die enge untereinander verbunden, in stetem Kampfe mit den benachbarten Genossenschaften lagen. Dies schloss jedoch keineswegs aus, dass Familienzwist, Weiber- und Viehraub, Blutrache usw. die einzelnen Angehörigen einer solchen Vereinigung auch unter sich in stetem Fehdezustand erhielten. In sieben solcher Genossenschaften, unter folgenden Kollektiv-Namen bekannt: Lenscher, Mestia, Mulach, Muschal, Adisch, Kalde und Uschkul, gliedert sich das freie Swanetien mit etwa

6000 Einwohnern. Innerhalb derartiger Gemeinschaft hatte jeder Einzelne gleiches Recht und zur Entscheidung gemeinsamer Angelegenheiten gleiche Stimme. Zu gewichtigen Entscheidungen war Stimmeneinheit nötig; eine einzige abweichende Stimme stellte den ganzen Beschluss in Frage. Einzelne Widerspenstige konnten indes durch Drohung wohl leicht zum Nachgeben gezwungen werden, wenn sie ihres Lebens sicher sein wollten.

Außerhalb der dringendsten, gemeinsamen Interessen war jedermann sein unumschränkter Herr d. h. solange er nicht mit den Interessen des andern zusammenstieß; in solchen Konflikten aber galt das Recht des Stärkeren. So hatten sich in der völligen Abgeschlossenheit des oberen Swanetien Zustände herausgebildet und erhalten, welche vielleicht das Ideal des modernen Anarchismus zum Ausdruck brachten.

Der Ingur bildet, wie so manche andere kaukasische Flüsse, in seinem Oberlauf ein breiteres Tal als tiefer unten, einen elliptischen Kessel, rings von hohen Gebirgen umschlossen. Im Westen unmittelbar nach der Einmündung des Nakra-Flusses, also gerade dort, wo der swanetische Gau endet, verengt sich das Tal plötzlich und der Fluss durchbricht hier zwischen gigantischen Mauern ungeheure Massen von Eruptivgesteinen, zwängt sich zwischen den Ausläufern des zentralen Granitkammes am Kirar und dem Porphyrstock des Rokar hindurch und gräbt sich weiterhin tief in die Kalke und Sandsteine des Jura, endlich in die Schichten der Kreide ein. Durch diese ca. 65 km lange Engschlucht, begrenzt von himmelanstrebenden Steilwänden, entweichen die gewaltigen Wassermengen, welche der

Ingur im swanetischen Kessel aus dem umrandeten, vergletscherten Gebirgsring empfangen hat. Erst oberhalb Suggdidi, der alten Hauptstadt Mingreliens, tritt der Fluss wieder in die Ebene heraus. Völlig unfruchtbar, unbewohnbar und unbewohnt, ist diese Schlucht während der schlechten Jahreszeit ganz unzugänglich, aber auch während der guten nur für Fußgänger benutzbar. Durch das Flusstal besteht demnach keine regelmäßige Verbindung der Außenwelt mit dem oberen swanetischen Gau. Gegen Norden und Osten schließt ihn der Eiskamm des hohen Kaukasus ein, über welchen nur vergletscherte Pässe führen; im Süden trennt ihn der hohe, teilweise vergletscherte Wall der Laila von dem Zchenes-zali-Tal und Imeretien. Über den eisfreien östlichen Teil dieser Kette allein, – über hohe Pässe, von welchen der Latpari-Pass (2880 m) der begangenste ist – kann also das obere Swanien erreicht werden; im Winter aber sind auch diese nicht zu überschreiten und das Land bleibt monatelang völlig unzugänglich.

So bot denn die Abgeschlossenheit des Gebietes die Unterlage zu einer separatistischen Entwicklung, und man braucht nicht zur unbewiesenen Annahme der Einwanderung von Flüchtlingen anderer Stammeszugehörigkeit zu greifen, um die Eigenart dieses Volkes zu erklären. Solche Abgeschlossenheit macht uns begreiflich, wie der entlegene Gau in den letzten Jahrhunderten, während sturmbewegte Zeiten als Folge unausgesetzter, innerer Kämpfe und äußerer Einfälle (Türken, Perser) über Mingrelien und Imeretien dahinzogen, eine terra incognita wurde und aus dem Gedächtnis der Mitwelt verschwand, sodass er erst um die Mitte dieses Jahrhunderts gewissermaßen neu entdeckt werden musste.

Die Dadianischen Swanen, mehr in Verbindung mit der Ebene und stets in einiger Beziehung zu den Nachbarvölkern geblieben, haben ihre Sitten, ja sogar ihre Sprache etwas anders entwickelt, als ihre Stammesbrüder im oberen Swanien. Letztere versanken natürlich mehr und mehr in Rohheit und Unwissenheit, und zehrten nur mehr von verschwommenen Erinnerungen einer weit zurückliegenden Kulturperiode. Obwohl dem Namen nach sich zum Christentum bekennend, wussten sie doch kaum mehr etwas von der Bedeutung der Religion, ja eine Gemeinde (Adisch) fiel in völliges Heidentum zurück und ihre Bewohner wurden erst im Jahre 1865 wieder nominell zur christlichen Lehre zurückgeführt. Die Religion der Swanen war nur mehr eine bizarre Mischung von Heidentum, Mazdeismus und Christentum. Die Heiligenbilder der Kirchen vertraten bei ihnen nur die Stelle der alten, heidnischen Gottheiten, deren schlimmen Einfluss sie fürchteten und die sie durch Opfergaben sich günstig zu stimmen suchten. Gegen ihren Einfluss suchte man sich auch durch Talismane zu schützen, deren jeder Swanete heute noch einen oder mehrere am Leibe trägt. Sie kannten weder Kommunion noch Beichte und bekreuzten sich nicht; ja nicht einmal eine Taufe im christlichen Sinne war üblich. Die Mutter vollzog an den Kindern eine Art Salbung, welche die Stelle der Taufe vertrat. Statt eines Gottesdienstes wurden an bestimmten Tagen außerhalb der Kirchen Opfer dargebracht. Man versammelte sich im Vorhofe, zündete große Feuer an, schlachtete Schafe und verbrannte davon bestimmte Teile zu Ehren der Gottheit, den Rest aber verzehrte man, wozu große Mengen Schnaps vertilgt wurden. Diese Opfer fanden sowohl statt, um die Gottheit und die einflussreichen Geister zu ehren, als auch, um deren Segen zu irgendeinem Unternehmen zu erlangen, und endlich, um ihren nachteiligen Einfluss abzuwenden. Zwar hatten die Swanen für den Heiland, die Mutter Gottes und den heiligen Georg eine große Verehrung, aber sie vermischten diese mit aus dem Heidentum überkommenen Vorstellungen von guten und schlimmen Geistern. Auch vom Kultus des Zoroaster war etwas geblieben in Form einer Art Anbetung von Sonne und Mond, vom Judentum die besondere Ehrfurcht für den Propheten Elias (Ilja), während der Islam der benachbarten Völker gleichfalls nicht ohne Einwirkung auf sie blieb. So feiern die Swaneten noch heutigen Tages drei Feiertage in der Woche, den Freitag der Muhamedaner, den Sabbath der Juden und den christlichen Sonntag, und an den übrigen Tagen arbeiten sie gerade auch nicht übermäßig viel; sie haben also auf einem anderen Wege eigentlich das sozialistische Ideal erreicht. Für die Wochentage behielten sie die heidnischen Benennungen bis auf den heutigen Tag bei. Statt geweihter Priester haben sie eingeborene Papas, deren Würde erblich ist; diese besitzen jedoch kein anderes Privilegium, als von Blutrache ausgenommen zu sein. Nicht einmal über die Kirche selbst hatten sie Verfügung, sondern diese stand samt ihren Schätzen und Geräten unter der Obhut der Gemeinde, d. h. des von dieser gewählten Aufsehers oder des Dorfältesten, welcher die Schlüssel in Verwahrung hält, ein weiterer Beweis, wie sehr dieses Volk seit langem bei uns erst modern gewordene Ideale verwirklichte. Diese Papas waren unwissende Leute und vermochten nicht einmal die alten Evangelienbücher zu lesen; sie vollzogen nur gewisse, durch altes Herkommen geweihte, sonderbare Zeremonien, deren Sinn und Bedeutung weder sie, noch das Volk verstanden. Die Trauungen fanden in der Kirche statt, wobei man die Kleider des Brautpaares zusammennähte, und dies ist das einzige Mal im Leben, dass es der Frau gestattet war, die Kirche zu betreten. Es fällt dies umso mehr auf, als gerade bei den Swaneten die Frau keine so niedrige Stellung einnimmt, wie bei den meisten kaukasischen Bergvölkern, sondern große Freiheit genießt und in der Familie dem Manne völlig gleichberechtigt ist, ja, als Witwe, wie in Stellvertretung des Mannes, an den Beratungen und Abstimmungen der Dorfgenossenschaften teilnehmen konnte; wiederum ein Beweis dafür, wie sehr sich das innere Leben der Swanen dem heutigen sozialdemokratischen Ideal näherte.

Der Mann heiratet im 16., die Frau im 13. Lebensjahre; für die Frau wird an deren Eltern eine Entschädigung in Naturalien, gewöhnlich Vieh, geleistet und hierin sind die barbarischen Swaneten, wie so manches andere, von westlichen Trägern einer höheren Kultur geringschätzig angesehene, orientalische Volk, uns Hochzivilisierten entschieden überlegen, die wir häufig das Ehebündnis nur persönlicher Vorteile wegen schließen. Die Frau des Swaneten erhält als einzige Mitgift das Hausgerät; man sagt, dass es früher üblich gewesen wäre, der Frau in die Ehe eine gewisse Menge Dünger mitzugeben, den die Swaneten sehr schätzen, da sie eines der wenigen kaukasischen Völker sind, die ihre Felder düngen. Die Heiraten finden stets nur unter Bewohnern der gleichen Gemeinde statt, nicht zwischen solchen verschiedener Gemeinden, und daraus entsteht eben eine gewisse Degeneration, sowie eine Vererbung und Steigerung krankhafter Anlagen. Übrigens ist die Trennung der Ehe eine leichte und häufige, sei es, dass die Frau des Mannes überdrüssig wird und sich um einen anderen umsieht – was bei dem Überwiegen der männlichen Bevölkerung nicht schwer ist – oder dass der Mann die Frau davonjagt und sich eine andere nimmt. Die Frau arbeitet wie der Mann, ja noch viel fleißiger als dieser, auf dem Felde, wobei sie oft den Säugling in einer Falte des Gewandes an den Hüften trägt. Die Swanen hängen an ihren Kindern mit Zärtlichkeit, besonders an den Knaben, welchen man, als Symbol künftiger Streitbarkeit, eine Flintenkugel in die Wiege legt. Die Mädchen hat man nur zum Teil aufgezogen; um Überschuss der weiblichen Bevölkerung zu verhüten, wurde ein Teil der Mädchen gleich nach der Geburt getötet, indem man ihnen eine Hand voll Asche in den Mund stopfte. Verschiedene Autoren haben diese Tatsache in Zweifel gezogen, aber sie wird von allen glaubwürdigen Quellen bestätigt. Bei einem Volke, dessen beständige, gegenseitige Befehdung, verbunden mit furchtbarer Blutrache, so viele Männer vorzeitig wegraffte, wird der Ursprung dieser abscheulichen Sitte erklärlich. Begräbnisse dürfen nie bei Regenwetter stattfinden, denn Regen gilt hier als etwas Unheilvolles – begreiflich in einem so überaus regenreichen Lande –, und die Reise ins Jenseits muss bei gutem Wetter angetreten werden. Auf dem frischen Grabe wird ein kleines Feuer angezündet und Opfergaben in Gestalt von Schnaps, Öl und Brot niedergelegt, welche der Tote zu seiner Reise nötig hat. Die Sterbetage des Betrauerten werden bei ihrer Wiederkehr stets mit Opfern und Schmausereien gefeiert, wie man überhaupt das Andenken der Toten in Ehren hält. Es geschieht dies jedoch lediglich aus Aberglauben. Man fürchtet von den Toten einen schädlichen Einfluss auf die Lebenden, falls ihnen nicht gehörig Ehre erwiesen wird; dennoch hält man auf Schmuck der Gräber, ebenso wie bei den Georgiern, sehr wenig und ich habe nirgends in Swanetien einen Friedhof gefunden, der diese Bezeichnung verdient hätte.

Im Essen ist der Swanete mäßig und kann sogar bei großer Anstrengung auf langen Märschen hungern oder doch mit einem Minimum von Nahrung auskommen. Wo ihm aber reichliche Gelegenheit geboten wird, da vermag er wieder unglaubliche Mengen in der unergründlichen Tiefe seines Magens verschwinden zu lassen; ich glaube, dass einer wohl ein halbes Schaf auf einen Sitz zu verzehren im Stande wäre. Selten jedoch bietet sich ihm die Möglichkeit des Fleischgenusses; die gewöhnliche Nahrung sind ungesäuerte, kleine Kuchen Gerstenbrotes, in primitiver Weise auf heißen Steinen gebacken, etwas Topfenkäse und Sauermilch und gewisse, wild wachsende Gemüsearten, welche man roh verzehrt. Eine Anthriscus-Art und Mulgedium prenanthoides M. B., Geißfuß, Allium-Arten Estragon (Artemisia Dracunculus), Portulak etc. etc.. Eine besondere Delikatesse ist das sogenannte Chadschapuri, die gleiche Art Gerstenbrotes, wie die eben beschriebene, jedoch mit Einlage einer Schicht Topfenkäses; ich fand dieses Gebäck, besonders in frischem Zustande, sehr wohlschmeckend. Ungleich ausschweifender ist der Swanete im Trinken, obwohl der das Nationalgetränke bildende, fuselreiche Kornschnaps (Raka) für europäische Gaumen einen ganz abscheulichen Geschmack besitzt.

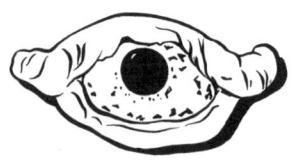

Der angenehmste Zug im Wesen des Swaneten ist seine Neigung zur Heiterkeit, wie man dies übrigens bei den meisten Naturvölkern wahrnehmen kann. Er liebt Poesie, Tanz und Gesang. Die Erstere ist nicht reizlos und durchwebt von altheidnischen und historischen Erinnerungen.

Der Gesang ist von einer Art, die mit den melodischen Tonreihen, welche wir darunter verstehen, sehr wenig gemein hat. Es sind langgezogene, einförmige, klagend oder wild klingende Weisen, mit rauer Stimme möglichst laut herausgestoßen. Die Lebhaftigkeit des Vortrages ersetzt den Mangel an Wohlklang, und je höher und kräftiger der Sänger die Fistelstimme verwendet, wobei er Hals und Augen konvulsivisch verrenkt, desto sicherer ist er des Beifalls seiner Hörer. Bei gemeinschaftlichen Gesängen singt einer vor, meist ohne jeglichen Tonfall, und am Ende einer Strophe stößt er einige Worte laut aufschreiend heraus, welche alle Anwesenden im Chore wiederholt hinausbrüllen. Die Strophen sind meist kurz und öfters wird der Gesang durch Zupfen eines unscheinbaren, siebensaitigen Instrumentes

(Tschangi) begleitet, ähnlich einer kleinen Harfe. Auf Märschen kann dem Reisenden der überaus dauerhafte Gesang der swanetischen Träger oft recht lästig werden und sie würden eine Mahnung, ihn einzustellen, nicht nur als einen unbegreiflichen Defekt im ästhetischen Gefühl des Reisenden ansehen, sondern auch als einen Eingriff in ihr freies Menschentum.

In ganz Swanien geht kein Rad, obgleich die Beschaffenheit der Wege dies vieler Orten gestatten würde; man bedient sich zum Transport der Schlitten. Diese bestehen aus einem Paar roher, kufenartig gebogener Stangen, auf welchen ein Korb aus Weidengeflecht sitzt; zur Bespannung verwendet man ein bis zwei Ochsen; ein Mann folgt dem Fahrzeug, um es mittelst einer rückwärts in die Kufen schräg eingelassenen Stange auf den rauen Gebirgspfaden oder über die Bergwiesen hinweg zu lenken. Zum Aufstapeln von Futter für den Winter bedient man sich statt der Scheunen vielfach der Bäume, zwischen deren Äste das Heu eingelagert wird. Außer den einfachen Lebensmitteln, sowie groben Leinen- und Lodenstoffen für den Hausbedarf wird nichts im Lande gefertigt, als Schießpulver und Schnaps.

Man begnügte sich deshalb mit einer zu Beginn der 30er-Jahre schon ausgesprochenen, mehr nominellen Oberhoheit, die 1853 erst etwas tatsächlichere Form annahm. Damals erfolgte die erste Bereisung des Gaues durch Truppenteile, welchen sich der Archäologe und Akademiker Brosset, und einer etwas späteren General Bartholomäi, Archäologe und Numismatiker, angeschlossen hatten. Beide haben hierüber berichtet und erst von diesem Zeitpunkt an begann wieder einige Nachricht von der Existenz und dem Wesen dieses längst vergessenen Landes und Volkes in die Welt zu dringen. Man versuchte durch Entsendung einiger grusinischer Priester mildernden Einfluss auf die rohen Sitten und die religiöse Verwilderung des Volkes auszuüben, ein Streben, das indes von keinem nennenswerten Erfolg begleitet war. Radde schreibt 1866, dass es in wenigen swanetischen Dörfern einen Mann geben dürfte, der nicht einen oder mehrere Morde auf dem Gewissen habe. Für den Fremden blieb das Land verschlossen; niemand hätte es ohne sehr starke Bedeckung wagen dürfen, den Fuß hineinzusetzen. Wiederholt wurden russische Beamte und Offiziere, die so tollkühn waren, ermordet. Es lag ohnedies in der stets von den Russen im Kaukasus befolgten klugen Politik, ohne zwingende Notwendigkeit niemals schroff gegen die Bergvölker vorzugehen. Einer der wenigen, dem es dank seiner Kenntnisse der Sitten und Sprache der Swanen vergönnt war, zu jener Zeit das Land zu bereisen, ist der Grusiner Bakradse (1860), dem wir viel Aufschluss über Land und Leute wie über ihre alte Geschichte verdanken.

Die Streitigkeiten um Weideplätze, Morde infolge von Blutrache, Gewalttätigkeiten aller Art und Widersetzlichkeit dauerten jedoch noch lange fort. 1875 gab es in Betscho Unruhen wegen der Neuregelung der Steuern und nur dank einer über den Betscho-Pass aus der Kabardah resp. dem Baksantal nachgesandten Entsatzexpedition konnte das kleine Kosakenpikett von Betscho aus kritischer Lage befreit und die Aufständischen zur Besinnung gebracht werden. 1876 brach jedoch wiederum eine Erhebung in der Gemeinde Kalde aus und es wurden ein russischer Offizier, Oberst Grinawsky, und sein Dolmetscher, welche einer kleinen Abteilung angehörten, die einen flüchtigen Verbrecher verfolgte, ermordet; aber die exemplarische Bestrafung der Mörder und die Zerstörung des Dorfes Iprari durch die Strafexpedition unter General Zitowitsch verfehlten einer abschreckenden Wirkung nicht. Endlich fügten sich diese Wilden doch unter die einfachen Formen der neuen Verwaltung, welche ihren Bedürfnissen tunlichst angepasst war. Wenn die Zustände und Sitten auch heute noch nicht gerade musterhafte geworden sind, so hat man doch beim Bereisen des Landes das Gefühl, dass die Autorität der Regierung und ihrer Organe wohl begründet ist, zumal die russische Verwaltung, wie bei andern Bergvölkern des Kaukasus, so auch bei den Swanen, den klugen Grundsatz befolgt, nicht Nationalrussen, sondern eingeboren Beamte (Grusiner etc.) als Administratoren zu senden und sich nicht mehr in die Angelegenheiten der Gemeinden zu mischen, als für die Ziele der Aufrechterhaltung von Ordnung und Sicherheit geboten ist.

Über den Latpari-Pass nach Betscho.

Nach 10 Uhr zogen wir weiter, direkt gegen den Pass aufwärts. Zunächst ging es durch hübschen, hochstämmigen
Laubwald; Buche, Eiche, Kastanie und höher oben Birke
setzen ihn zusammen; Hasel, wilde Rosen, Evonymus und
Eberesche bilden das Unterholz und purpurn leuchten öfters die Waldränder von ausgedehnten Erdbeerkolonien,
deren Früchte ungenutzt verfaulen. Die Serpentinen des
von der Militärverwaltung hergestellten Passweges beginnen bald über felsigen Grund einer schroffen Gebirgsstaffel
emporzuführen, und der terrassenförmige Aufbau des Ge-
hänges bedingt, dass mehrere solcher Steilstufen aufeinan-
der folgen, an denen der Weg öfters treppenförmig in die
Felsen eingeschlagen werden musste – Stellen, welche selbst
unsere Bergpferde nur mit Schwierigkeit und großer Anstrengung überwinden konnten. Die Alpenwiesen zeigten
eine wundervolle Flora von unbeschreiblicher Farbenpracht
und einer staunenswerten Höhe und Entwicklung; denn es
war eben die Hauptblütezeit der basalalpinen Pflanzenwelt.
Freilich begegnete ich meist alten, guten Bekannten aus den
Alpen, aber doch in anderen Spielarten und jedenfalls alle
so prächtig entwickelt, dass mir die Verwandten in den heimischen Alpen gegenüber diesen hochaufgeschossenen und
farbenprangenden Kindern der kaukasischen Flora, nur un-
scheinbare Geschöpfe däuchten. Bald vermochten wir ein-

ander inmitten dieses Waldes blühender Gräser und Sträucher nicht mehr zu sehen; sogar die Pferde verschwanden darin. Besonders waren es die wundervoll gelben, wohlriechenden Blüten einer Lilie (Lilium monadelphum), welche durch leuchtende Färbung und herrliche Form fesselten, dann baumhohe Heracleen, blaublühendes Aconitum (A. orientale) in 2–3 m hohen Gruppen, Polygonum bistorta, prächtiger Alpenmohn (Pap. latericium) mit orangefarbenen Blüten, riesige Fritillarien, Pedicularien, Valerianen (V. alliariifolia), Rhynchocorys elephas, weiß- und blauglockige Aquilegien, Cephalarien (C. tatarica), großblumige Inula (I. glandulosa), Senecio (S. aurantiacus und caucasicus), Telekia mit tellergroßen Sonnenblumenscheiben (T. speciosa), Anemonen mit weißen oder dottergelben Blumen (A. narcissiflora und sulphurea), rosablumige Hesperis und Geranien (G. amethystinum und polypetalum), Astrantien (A. helleborifolia), die schöne Scabiosa caucasica, Betonica grandiflora und viele mehr; vor allem aber das prächtig dunkelrote Colchicum speciosum sowie Campanula lactiflora und C. collina., Trifolium canescens; endlich die Königin der mittleren Alpenzone, die duftende Azalea pontica, sowie viele Arten von Cirsium. Zwischen diesen hochstämmigen Arten führten am Boden dazwischen die kleineren Genossen noch immer ein buntprächtiges Dasein, so eine Menge Primeln (Pr. amoena und luteofarinosa), Gentianen, diese nur in geringer Zahl, aber viele Vergissmeinnicht, Ranunkeln (R. villarsii) und Orchideen (O. sphaerica und mascula), Veronica gentianoides, Iurinea pinnatisecta, Astern (A. caucasicus), doch alle diese noch immer an Höhe und

Farbenpracht ihre Verwandten der europäischen Alpen weit übertreffend.

Das war ein urweltliches Sprießen, ein paradiesisches Blühen und Prangen, ein Aufleuchten in hundert Farbtönen, worin das Gelb jedoch die entschieden vorherrschende Farbe bildete. Schmetterlinge und Käfer flatterten und summten inmitten dieses bunten Farbenmeeres, doch auffälligerweise kreuzte keines Vogels Fittig die Luft. Um an die Wirklichkeit solch blendender Polychromie zu glauben, musste ich mir die Augen reiben; mir schien die wuchernde Lebensfülle des Tropen-Dschungels in die reine Atmosphäre der Alpen hinaufgezaubert!

Was ist nun die Ursache dieses Farbenreichtums und solcher überschwänglichen Entwicklung? – Wohl nur die Einwirkung des großen Feuchtigkeitsgehaltes der von der pontischen Küste hergeführten Seewinde, zusammen mit einer der südl. Breite entsprechenden und mit der Höhe zunehmenden, daher ungemein kräftigen Aktion der chemisch wirksamen, wärmenden und leuchtenden Sonnenstrahlen auf den stark zersetzten Tonschieferboden, und da diese Alpenwiesen weder abgeweidet, noch abgemäht werden, so bilden die abgestorbenen und bei großer Feuchtigkeit rasch faulenden Vegetationsreste vergangener Pflanzengenerationen einen ausgezeichneten Nährboden für die nachfolgenden.

Birken, die letzten Repräsentanten des Waldes, standen noch über 2200 m in vereinzelten Exemplaren oder kleinen Gruppen umher, doch nicht etwa, wie sonstwo auf solcher Höhe, in verkümmerten und verkrüppelten Exemplaren, sondern in urkräftigen, 40-50 Fuß hohen, kerzengeraden

Stämmen, mit Laubkronen, die schwermütig und malerisch wie Trauerschleier herabhängen.

Nach jeder Terrasse nahm die Steilheit der Böschung, welche auf die nächst höhere führte, derart zu, dass schließlich Reiten unmöglich war, und dabei übten die Liebkosungen der Sonne niederdrückende, lähmende Wirkung auf Mensch und Tier, trotz des frischen Berghauches. Da es ratsam schien, den fast erschöpften Pferden einige Rast zu gönnen, hielten wir um 12½ Uhr auf einer Alpenwiese, deren ausgezeichnetes Gras sie gierig verzehrten. Unweit davon bot uns ein sprudelnder Quell einen anziehenden Ruheplatz; das kühle, plätschernde Wasser erfrischte und erquickte schon durch seine Erscheinung allein, sowohl die Augen als den von Sonnenglut und -glast halbgebratenen Körper des Wanderers. Hochgewachsene Ziegen von eigentümlicher Rasse und ein Paar sehr großer, fetter Schweine, die ersten größeren Repräsentanten des grunzenden Geschlechts, welche ich bisher im Kaukasus sah, waren weit und breit die einzigen Haustiere auf diesen futterstrotzenden Alpenwiesen. Ungenützt verfaulen hier die wertvollsten Gaben einer gütigen Natur, die vielen Hunderten von Kühen treffliche Nahrung bieten könnten.

Über eine Stunde verweilten wir an dem lieblichen Orte und erfreuten uns des überaus prächtigen Rückblickes in die Tiefe des Zchenes-zchali-Tales. Der blinkende Strom umspült dort idyllisch grüne Höhen von schachbrettartig bunten Kulturen durchsetzt, zwischen welchen zerstreut turmstarrende Bergdörfchen wie Spielzeug erscheinen; und der Blick folgt seinen silberigen Windungen, die hinter Kulissen dunkler Waldberge geheimnisvoll sich verlieren, bald wieder mit ahnungsvollem Schimmer in kesselartigen Weitungen auftauchen. Ungeachtet der dunklen Pracht fast bis zum Gipfel bewaldeter Höhen, welche die Länge des in perspektivische Ferne gedehnten Tales einengen, und der drohend dahinter aufgetürmten, scharf umrissenen Felshörner, sowie in die Himmelsbläue ragender Schneezinnen der Laila-Kette, lastet auf diesem Bilde nichts Düsteres, nichts Bedrückendes, vornehme Ruhe und Anmut, – durch einen edlen Bau bedingt, – Farbenglanz und Heiterkeit einer von Sonnenglanz durchtränkten Luft zeichnen es aus. Sanfter, weicher Schimmer umwob Höhen und Tiefen und erfasste den Sinn des Beschauers mit Entzücken! Bakradse, der zum ersten Mal auf solch aussichtsreicher Höhe stand, war zu meinem Erstaunen von dem seltenen Anblick lange nicht so ergriffen, wie ich es erwartete, bei weitem weniger wie ich selbst – der Vielgewanderte! Es scheint, dass auch Naturempfindung erst einer gewissen Schulung, eines Trainings bedarf.

Der Weiterweg bot stets die gleichen Bilder, nur dass mit der Zunahme an Höhe eine Veränderung in den vorherrschenden Arten der Pflanzen auftrat. Solche mit fast pelzartig behaarten Blättern und Arten mit kleinerem Habitus nehmen mehr und mehr Raum ein. Ranunkeln (B. caucasicus und R. frigidus), Linnea borealis, Saxifragen (S. exarata und S. laevis), Pedicularien (P. atropurpurea) und Potentillen (P. nivea), Veilchen (V. minuta) und Primeln (Pr. amoena und Pr. glacialis), Digitalis ciliata, endlich schon nahe der Kammhöhe die Repräsentanten der nivalen Flora, Draba-Arten (D. brunifolia und D. siliquosa), Veronica petraea, kriechende Androsacen und Azaleen, Alyssum alpestre, sowie endlich winzige Alsinen (A. caucasica und A. hirsuta). Bei 2650 m traf ich auf die ersten Kolonien des herrlichen Rhododendron caucasicum, doch war hier alles schon abgeblüht; eine kräftige, holzige Daphne (D. glomerata) und hohe Veratrum-Stauden wuchsen in seiner Gesellschaft; in den Mulden bemerkte ich in Massen zwei Arten Schwarzbeeren, eine niedrige, auch bei uns heimische V. myrtillus und eine hochstämmige kaukasische Art (V. arctostaphylos).

Mit der Annäherung an die Kammhöhe nahm der Böschungswinkel des Hanges sehr ab; das Emporsteigen wurde bequem, aber leider trübte sich die Atmosphäre zusehends, wie dies während der Mittagsstunden auf den Höhen des westlichen Kaukasus die Regel bildet. Die feuchten Winde aus dem warmen pontischen Meere erreichen mit den durch die Sonne aufgelockerten Luftschichten der Tiefe in ihrem Aufstieg gegen Mittag die hohen Kämme und beginnen sich zu Nebeln und Wolken zu verdichten; man sollte ihnen stets zuvor zu kommen suchen.

Als wir 2 Uhr 50 Min. die 2830 m hohe Passhöhe erreichten,

umfing uns dichtes Nebeltreiben bei einer Temperatur von +12½ °C. Allerdings wehte ein heftiger Südwestwind dazwischen und gestattete hie und da wenigstens kurze Blicke auf einen Teil des von den Reisenden vielgerühmten Panoramas, welches bei klarem Wetter an diesem Punkte sich bietet. Meist war es eine ungemein hohe, fast geometrisch regelmäßig umrissene Eispyramide, welche verschleiert und verschwommen sich aus den Dunstwogen herauszuschälen

begann, der Tetnuld (4853 m). Zeitweise gewann man den sonderbaren Eindruck, als bewege sich die Pyramide, mit ihrer Spitze zusehends in die Wolkenschichten hineinwachsend, in die Höhe rückend bis zu phantastischer Größe, indes steil an ihr herabhängende ungeheure Eisdraperien mit den Enden in rasch sinkende Nebelschichten sich verloren. Eine seltsame Erscheinung, die etwas Urgewaltiges, Unheimliches an sich hatte, wie das Werden, das Auftauchen einer neuen Welt! – Und auch um uns herum war alles bewegt; im Wandel zudrängender Nebel erschienen die schwarzbraunen Zacken der fast senkrecht gestellten Schichten des Schiefergebirges, bald da, bald dort auftauchend, wie die Zinnen eines Teufelsschlosses, wie ein Spuk! Wir sahen einer den andern nicht; ringsum nur stürmisches Wogen und Jagen,

Windstöße und Brausen; man schien in der Luft zu schwe-
ben, indes die Bergwelt gleich Inseln aus dem Wolkenchaos
auftauchte. Ganz urweltlich mutete mich die wildbewegte
Bergeinsamkeit an. - Den ganzen Tag waren wir inmitten
von Glanz und Licht, von Farbe und Sonnenglut emporge-
strebt zu lichter Himmelsbläue, und nun standen wir mitten
im Düster des Chaos! -

Die Swanen hatten sich müde und fröstelnd zwischen
die Schieferschrofen hineingeduckt und ließen die Pferde
etwas unterhalb des Passes grasen. Ich las die Instrumente
ab. Glücklicherweise verscheuchte bald ein Druck im Luft-
meere die seltsamen Phantasien, indem die Dunstwogen
kräftig in die Tiefe gepresst wurden, sodass mit einem Male
eine Lichtflut sich über unsere Höhe ergoss und im Tages-
glanze strahlend die ganze Umgebung aufleuchtete, wie
wenn der junge Morgen die Schatten der Nacht abschüttelt!

Der Sattel des Latpari-Passes ist gegen die nächsten Höhen nur wenig eingesenkt; eine stumpfe Felskuppe im Westen, der Muschur, überragt den Pass nur um ca. 80 m, der
Dadiasch im Osten freilich schon um 486 m; allein der
Kamm steigt so allmählich an, dass dieser komisch geformte
Gipfel trotz einiger ihn umgebenden Zacken von hier aus
keine imponierende Erscheinung bildet. Allenthalben ragen die stark abgewitterten Schichten blätterigen, dunklen
Schiefers in Klippen empor; sie fallen schwach nach Norden
ein und dürfen wohl dem Lias zugezählt werden; hier oben
erscheinen sie sehr steil aufgerichtet, der Senkrechten genä-
hert, neigen sich aber auf der Nord- wie auf der Südseite des
Berges mehr und mehr, bis sie in der Tiefe des Ingur- und des

Zchenes-zchali-Tales nahezu die Horizontale erreichen, sodass eine regelmäßige Fächerstruktur gegeben ist.

Wir verließen die Passhöhe nach einem Aufenthalte von 85 Minuten und erlebten die Genugtuung, dass schon nach kurzem Abstieg die Gebirgsumrandung Swanetiens mehr und mehr sichtbar wurde. Die ungeheure Eiswand der Schkara-Dschanga-Gruppe brach zuerst mit ihrem vielkuppigen, langgezogenen Firnkamm durch die Dunstschichten;

tiefer sanken die Nebel und nun wurde die 7 km lange, eisgepanzerte Mauer ganz frei, um fast 3000 m die grünen, von silberglänzenden Bächen durchfurchten Hänge ihrer Basis überragend. Ihre lawinenstreifigen Abstürze prangten in schimmerndem Weiß mit bläulich duftigen Tönen in den Schründen; leichte, weiße Dampfwölkchen stiegen von Zeit zu Zeit an einzelnen Wandstellen empor, die Orte andeutend, wo eben gefallene Lawinen mit aufprallenden Schneekristallen zum Stillstand kamen. In starrer, bleicher Majestät bis zu lichter Himmelsbläue emporwachsend, zeigte sich die Architektur des wundervollen Gebirgsstockes! Von der Nachbarschaft dies übergewaltigen Massives bedrückt, boten die Fortsetzungen des eisumhüllten Kammes gegen Norden und Westen hin, trotz ihres reichen Hörner- und

Zackenschmuckes, einen verhältnismäßig zahmen Anblick und nur die an ihren Steilabstürzen draperieartig in das Grün der Vorlagerungen herabhängenden Gletscherarme waren, - infolge ihrer außerordentlichen Zerklüftung wie künstlich gekräuselt aussehend, - eine merkwürdige Erscheinung. Acht solcher Eisströme zeigten sich an den Flanken der weiten Umwallung.

Bald kam auch fern im Nordwesten lebhaftere Bewegung in die Dunstwogen, und hoch über einer horizontalen, goldumsäumten Wolkenschicht gewahrte man an ihrem Scheitel, wie von innerer Leuchtkraft aufblinkend, zwei schneefurchige, dunkle Zacken in reine Lüfte ragend. Selbst von unserem erhabenen Standort aus erschienen sie so gewaltig hoch, dass man kaum an einen Zusammenhang mit der Erde glauben mochte; aber als die Nebelmassen sich abwärts ballten, verlängerten die Zacken sich zusehends nach unten zu zwei turmartig schlanken, rosig angehauchten Felsbauten, an ihren kahlen Flanken von glänzenden Eisklüften durchsetzt. Ein schmaler Eissattel, der sie an der inneren Basis verbindet, ließ sie mir gleich Zwillingstürmen eines gotischen Domes erscheinen. In dem Maße, als die Dunstmassen hinabsanken, entblößte sich das nackte Gemäuer des unglaublich steilen Felsgerüstes mehr und mehr, bis man endlich tief drunten noch seinen von grünenden Hügelzügen umsäumten Fuß weit in das Dunkel der Talwälder vortreten sah. Aus einem einzigen Gusse strebt die schreckhaft kühne Architektur dieser ungeheuren Granittürme, nur durch eine senkrecht erscheinende Eiskehle verbunden, aus dem Grün der Tiefe bis zum Ätherblau empor.

Umflutet vom frischen Farbenglanz der Nachmittagssonne, glichen sie eher der Vision eines Fieberkranken als etwas Wirklichem! Das war der Uschba! Nun begriff ich das spöttische Lachen der Einheimischen, als sie von unserem Plane, den Berg zu besteigen, vernahmen; ihn erklimmen wollen, mochte in der Tat beim ersten Anblick als wahnsinniges Vorhaben erscheinen. So bedeutend auch die Vorstellung von dieser, einer der kühnsten Berggestalten der Erde, war, wie sie mir nach Schilderungen englischer Reisender und nach Abbildungen vorgeschwebt hatte, sie verblasste vor der Wirklichkeit. Einer schreckhaften Phantasie des Weltenschöpfers scheint der Granitkoloss seine Entstehung zu verdanken, – ein sensationelles Werk, in welchem Natur sich selbst übertrumpfte!

Zur Linken unseres Weges, im Westen, traten nun auch die Schneekuppen der Laila-Kette, freilich noch stark verkürzt, ins Gesichtsfeld, doch lagen die prachtvollen Wälder, mit welchen ihre Abhänge zum Ingur hin bedeckt sind, schon unter uns, eine Zierde des reichen Landschaftsbildes, und als wir im weiteren Verlaufe des Abstieges auf dem Kamme eines nordwärts gegen den Fluss vorspringenden Querzuges entlang wanderten, trug bald der Blick auch ungehindert bis zum Grunde des Tales selbst.

Was seit langem mit phantastischen Vorstellungen den Geist erfüllt hatte, erschien nun in glänzender Wirklichkeit vor mir. Da lagen sie in duftiger Bläue vor meinen Augen, alle die Eishäupter jener stolzen Bergriesen, die ich seit nun drei Wochen »mit der Seele suchte«, die zu erklimmen ich mit den Gefährten aus weiter Ferne, über Land und Meer, herangezogen kam! Vor unseren überraschten Blicken dehnte sich ein etwa 100 km spannender, Laila-Kette mitgerechnet, durchaus eisbedeckter, ringförmiger Wall, aus lachendem Grün der Flussränder und dunklen Wellen der Waldgebirge hochherrlich ansteigend, bis zu Kuppen, Domen und Zinnen von schimmernder, schneeiger Pracht. Die Mitte des gewaltigen Bildes nahm die tiefe Furche des Ingurlaufes ein, von sanften Wellenlinien bis zu ihren Kämmen begrünter Rücken umsäumt, – alte Moränenwälle, welche die einstens ungleich mächtigeren Eisarme des vergletscherten Hochgebirges in dem engen Kesselland, gegeneinander drängend und schiebend, aufgeworfen haben. Hinter diesen streben die durch einschneidende Macht der Gewässer vielgestalteten, sich überspreitenden Züge des Tonschiefergebirges auf, deren weiche Formen, mit der Pracht dunkler Wälder umkleidet, von felsigen Kämmen gekrönt werden. Aus düster gähnenden Schluchten oder sonnig-grünen Quertälern, zwischen einem Labyrinth divergierender Rücken eingetieft, die insgesamt sanft gegen den Hauptstrom abdachen, schimmern die Silberlinien heller Bergbäche heraus, welche soeben erst den kalten Mutterschoß an den granitenen Flanken des Hochgebirges haftender Gletscher verlassen haben. In großartig geschwungenen, majestätischen Kurven bahnen tausendfach zerschründete Eisströme sich einen Weg durch Breschen zackiger Kämme, mit welchen die kristallinischen Schiefer sich von den geschlossenen Granitmauern des Hauptkamms abheben. Bis mitten in das Intensivgrün der Alpenwiesen hinab erstrecken sich noch die hellleuchtenden Eismassen, oder sie tauchen in die Nacht der Bergwälder, aus welchen sie erst als tosende Ströme tief unten wieder vorbrechen.

Allmählich beginnt das zuerst verwirrte Auge in dem vielgestaltigen Bilde Klarheit zu gewinnen. Man gewahrt einen im großen Ganzen amphitheatralischen Aufbau, in dessen Mitte drei Hauptlinien gezogen sind, gebildet vom Lauf des Ingur, seines parallelen, gleich flutgeschwellten Tributärs Mulchra und dem in düsterer Schlucht heranstürmenden Adisch-Bache. Diesen gliedern sich die Furchen zahlreicher, aus den starrenden Eisgebirgen in das mannigfache Grün der Berglandschaft herabfließender Seitenbäche harmonisch an. Auf den vegetationsreichen Staffeln und Absätzen der Glazialschuttrücken ragen in blinkend weißen Vertikallinien die Türme der swanetischen Steinhäuser auf; man könnte sie für gedrängte Gruppen von Essen großer Fabrikanlagen halten, wenn nicht ihr viereckiger Grundriss, die Zinnenkrönung und die Balkone über ihre Bestimmung aufklären würden. Zu einer anscheinend zusammenhängenden Reihe von Türmen gesellen sich auf der Terrasse im Osten, unter den Eiswänden der Schkara, die vier Orte der Dorfgemeinschaft Uschkul und rufen in der Verkürzung von der Seite gesehen den Eindruck einer nur aus Türmen bestehenden Stadt oder eines Waldes von Türmen hervor.

Seltsamer Anblick, den dieses Swanetien mit seinen turmbewehrten, festungsähnlichen Häusern bietet, reihenweise auf weite, blumige Gelände hingestellt, an den Steilrändern von Bergströmen, die zwischen dunklen Wäldern einherstürmen. Darüber bläulich schimmernde, ungeheure Gletscherkaskaden, die eine gigantische Mauer,

gekrönt von schneeigweißen Firngipfeln und granitenen Zinnen von unvergleichlich kühner Form zerteilen! So streng und scharf gezeichnet auch die Umrisslinien des gewaltigen Bildes erscheinen, so mildern doch wiederum weiche Farbentöne, welche die südliche Sonne in eine feuchtigkeitsreiche Atmosphäre hineinzaubert, alles Harte und Schroffe in der Physiognomie der Landschaft! Vielfältige Abstufungen vom blendenden Weiß bis zum duftigen Blau, vom leuchtenden Gold bis zum unbestimmten Violett, vom lieblichen Smaragdgrün bis zum dunkelsten Schwarzgrün! Die Heiterkeit und Frische der Talgefilde entzückt das Auge und die eigentümliche Architektur befremdet, trägt aber eben dadurch in das fesselnde Bild noch den eigenartigen Reiz des Seltsamen!

Im ersten Augenblicke mutete mich jene sonderbare Burgenarchitektur inmitten der Hochschnee- und Eisregion ebenso fremdartig an, überraschte mich in ähnlicher Weise wie damals, als ich – noch gewohnt, orientalische Architektur umflutet von blendender Sonnenglut und Ätherbläue, umgeben von Sandwüsten, weiten Ebenen oder leuchtenden Meeresbuchten mir vorzustellen –, zum ersten Mal die farbigen Kuppeln und schlanken Minaretts von Teheran, Samarkand oder Hamadan am Hintergrunde tief beschneiter Hochgebirge emporragen sah! Als hemisphärischer Relief-Rahmen umgürten die Eiswälle das in wahrhaft grandiosen Linien entwickelte Bild, welches erschöpfend zu schildern, die Gestaltungskraft und Ausdrucksfähigkeit des gottbegnadetsten Künstlers wohl kaum im Stande sein dürfte. Mr. Freshfield sucht nach einem Vergleichsobjekte-

für den Anblick der nordöstlichen Talumrandung, indem er dem Alpenreisenden den Absturz der Monte-Rosa-Kette gegen Macugnaga ins Gedächtnis ruft und einlädt, sich diesen in doppelter Breite vorzustellen und Weißhorn und Deut blanche daneben zu setzen.

Beim Abstiege erreichten wir bald den Rhododendren-Gürtel; er reicht höher hinan und weiter hinab, als auf der Südseite, ja, er schob sich noch tief in die Waldregion hinein, die auch hier nicht etwa erst mit Krummholz, sondern gleich mit hochstämmigen Birken von edlem Wachstum beginnt. Rhododendron caucas. war auch auf dieser Seite schon fast verblüht; nur stellenweise leuchteten noch einige der schönen, cremefarbigen oder rosa angehauchten Glocken aus dem Schwarzgrün der über meterhohen Büsche heraus. Dafür entschädigte tiefer unten der Anblick der Alpenwiesen durch Farbenschmelz und prächtige Entwicklung ihrer Millionen von Blüten, deren lebhafter Duft sich mit dem anregenden Hauch der Gebirgsluft mischte. In dem bunten Gewirr massenhaft auftretender Formen herrschte keine besonders vor. Es waren dieselben Arten wie drüben am Südhang, aber womöglich noch höher und kräftiger entwickelt, auch viel höher hinauf gegen den Kamm reichend. Ein Hauptgrund ist in der längeren Dauer der Schneebedeckung am Nordhang zu suchen, welche die Flora der extremen Höhen vor den Frühlingsfrösten schützt. Später als auf der Südseite brechen die Kinder Floras hervor, aber lange zurückgehalten entwickeln sie sich umso schneller und kräftiger, als wollten sie die Mutter Erde liebevoll entschädigen für die lange, kalte Umarmung des unfreundlichen Winters. Im Gegensatz hierzu rufen am Südabhang die kräftigen Liebkosungen der Frühlingssonne die Vegetation allzu bald heraus und unter der Wirkung darauf eintretender Nachfröste erfrieren in den höchsten Lagen die zarteren Pflanzen, die Holzgewächse aber ersticken im Safte. Es gilt dies somit auch als Erklärung für das höhere Hinaufrücken der Baumgrenze am Nordabhang im Vergleiche zum Südabhang.

Dämmerung sank rasch hernieder; schon lange hatte den Himmel unheimliches Gewölk verdüstert, und nun brach ein furchtbares Gewitter, begleitet von strömendem Regen los. Mitten im tiefsten Waldesdunkel ließ sich keine Form mehr unterscheiden; Mirona, dem der Weg vertraut war, ritt in raschem Trab voraus und ich folgte zunächst, dabei von Zeit zu Zeit den anderen, die zurück waren, zurufend, damit wir uns nicht verlieren sollten, aber vergeblich. Dröhnende Donnerschläge und ihr rollendes Echo in den Bergen, Tosen der Ingur-Fluten, das Poltern der von ihnen gewälzten Steine, Klatschen und Plätschern des Regens und der von allen Seiten herabstürzenden Bergwasser, Ächzen und Rauschen des durch den Wald fegenden Sturmes und das Krachen der Äste, der Hufschlag der Pferde bildeten eine wilde Harmonie, in welcher die menschliche Stimme ohnmächtig verhallte.

Bald waren wir getrennt; die aufgeregten, erschreckten Pferde ließen sich nicht zurückhalten und stürmten trotz tiefer Finsternis in raschen Sätzen vorwärts, durch Pfützen und angeschwollene Bäche hindurch, in deren Wasser die einfallenden Blitze grelle Blendlichter warfen; hinauf und hinab auf schmalem, steinigem Pfad, an Abgründen ent-

lang, aus deren Tiefe die Fluten des mächtig angeschwollenen Stromes heraufdröhnten; über gebrechliche Prügelstege
und umgestürzte Baumstämme, durch Dickicht und unter
tief herabhängendem Astwerk hindurch, allezeit in flie-
gender Eile vorwärts – ein wahrer Höllenritt! Zu zagender
Überlegung war nicht Zeit gegeben; mochte kommen, was
da wollte. Vorwärts, vorwärts!!

Die Sorge um die Zurückgebliebenen war bei mir größer,
als die um mein eigenes Heil. Lange, bange Stunden ging
es so fort, welche die Nacht als Ewigkeit erscheinen ließen,
und die tückische Gewalt des Unwetters schien sich kaum
besänftigen zu wollen; es sauste und pfiff in unheimlicher
Tonart fort und fort durch die Bäume. Endlich lichtete sich
der Wald und bald verließen wir ihn, um auf einen begras-
ten Abhang herauszutreten. Dort zwischen niederem Buschwerk bewegte sich eine lange, dunkle Masse; beim Aufleuchten des Blitzes erkannte ich unsern Bagage-Zug. Wir holten
ihn bald ein; aber wo waren die Gefährten geblieben? Zu
meiner freudigen Überraschung kam Herr Purtscheller
bald nachgesprengt, allein von den beiden Tirolern zeigte
sich keine Spur und die Sorge um ihr Schicksal beunruhigte
mich in hohem Grade. Meine einzige Hoffnung stützte sich
auf den Orientierungssinn und die Zuverlässigkeit der trefflichen Bergpferde. Wie sie uns mit sicherem Instinkt und
ohne Fehltritt durch alle Fährlichkeiten hindurch gebracht
hatten, würden sie vielleicht doch auch diese allerdings des
Reitens völlig unkundigen Leute durch Wildnis und Sturm
noch in den sicheren Hafen tragen. Ich schickte sogleich
einen der Swaneten zurück, um die Verirrten zu suchen,

indes wir den Weg fortsetzten und nach einer halben Stunde beim Dorfe Bogresch eintrafen.

Durch die Dorfstraßen wälzten sich schmutzig-gelbe Fluten; wütendes Hundegekläffe, Schreien und Antworten; wilde Gestalten mit Kienfackeln in den Händen, kamen aus den Häusern und nachdem sie sich überzeugten, dass wir friedliche Reisende waren, geleiteten sie uns zur Canzellaria, einem ganz neuen, noch nicht einmal fertigen Bau. Es war 12½ Uhr nachts, als wir pudelnass von den triefenden Pferden stiegen. Bald loderte ein mächtiges Feuer in der Mitte des großen, leeren Raumes und verbreitete behagliche Wärme; das Trockengeschäft konnte beginnen. Auch die ganze Bagage war, wenigstens äußerlich, tropfnass; den Inhalt hatten die trefflichen Segeltuchhüllen so ziemlich geschützt. Da noch keine Tür angebracht war, schlossen wir den Eingang durch angelehnte Bretter und bald labte auch ein rasch bereiteter, heißer Tee die erstarrten Wanderer; gierig wurden Brot und Käse, welche man uns brachte, verschlungen, denn der Hunger, durch die große Aufregung lange zurückgedrängt, machte sich nun mit Macht geltend. Nach Mitternacht trafen glücklicherweise auch die beiden verirrten Tiroler mit dem swanetischen Boten ein; so wurde ich auch dieser quälenden Sorge los und wir waren alle aus den Fährlichkeiten des entsetzlichen Sturmes in sicherem Asyl gelandet.

Bogresch ist das größte Dorf der Pari'schen Dorfgemeinschaft des fürstlichen Swanetien. Es liegt in 1491 m Seehöhe auf einer deltaförmigen, schmalen, begrünten Alluvialterrasse, hoch zwischen dem Ingur und dem hier einmündenden, mächtigen Adisch-Bache, erhoben. Letzterer führt die

GLOCKENBLUME
Campanula

TETNULDI
4858 m

KNABENKRAUT

Dactylorhiza

WOLFSMILCH

Euphorbia

BREITGLOCKEN-
SCHACHBLUME

Fritillaria latifolia

Gewässer eines der größten swanetischen Gletscher, des Adisch-Gletschers, der von den Südwest-Flanken des Tetnuld und des Katuin-tau zu Tale zieht, in wilder Engschlucht dem Hauptstrom zu. Im Dorfe selbst befinden sich nur wenige Türme, aber es ist mit solchen und hochragenden Mauern umgeben und starrt außerdem von – Schmutz. Wiewohl die Wasserfluten der vergangenen Nacht gutes Werk vollbracht hatten, war doch noch Unrat mehr als zu viel in den Dorfstraßen geblieben; solchen fossil gewordenen, durch Alter

ehrwürdigen Schmutzschichten kann auch eine kleine Sintflut nicht an. Ein Reisender geht so weit, zu behaupten, diese Kotschichten stammten sicher noch aus der Zeit der Königin Tamara, wie alles Dauerhafte in diesem Lande.

Wiewohl leicht schwebendes Gewölk den vollen Anblick der vergletscherten Hochgebirge im Nordosten verwehrte, so entschädigten doch einigermaßen die im schönsten Frühsonnenglanze am nordwestlichen Horizont schimmernden Gletschermassen der Leksür-Gruppe. Bei Verfolgung der seltsamen Umrisse eines braunschwarzen Felskammes mit nadelartiger Zackung traf das Auge auf die dicht daneben sich reckenden ungeheuren Zwillingstürme des Uschba. Von schreckhaft kühner Form, herausfordernd übermächtig türmt sich der nackte Granitbau über der wannenartigen Öffnung des Dolra-tschala-Tales empor; bei seinem Anblick schrumpft sogar das Matterhorn, das in der Erinnerung als Vergleichsobjekt auftaucht, gewissermaßen zu einer zahmen Erscheinung zusammen. Leichte, rosige Dünste spielten um die ungeheuren Steilflanken, wie Sylphiden den Donnergott schmeichelnd umschweben; bläuliche Schatten lagen in den Eisklüften des sattbraunen Gemäuers und hohe, glitzernde Schneekehlen, welche sich in seine Schultern senken, trennen den bewundernswürdigen Bau scharf von der Masse des Hauptkammes ab. Dieser setzt sich in dunklen, granitenen Zacken und Riffen noch weiter gegen Osten fort, aber gegen die Vertikalität der gewaltigen Massen des Uschba erschienen mir seine Umrisse doch verhältnismäßig sanft, zumal rauchgraues Gewölk, darüber hinschwebend, einzelne Teile schleierartig verhüllte.

Was diesen swanetischen Landschaften einen ganz besonderen Charakter verleiht, den wir in den Alpen vergeblich suchen, ist vor allem trotz großartiger, hochalpiner Umrahmung die ungeheure Weite des Gesichtsfeldes. Auf gewaltiger Ausdehnung ringsum findet der Blick nur an Ketten vergletscherter Gebirge seine Grenze, zwischen welchen verhältnismäßig niedrige, also in der Vielgestaltigkeit ihrer Formen, wie durch reiche Vegetationsbedeckung ungemein abwechslungsreiche Züge in harmonisch edlen Linien sich ausdehnen; diese behindern nirgends den Ausblick auf das eisbedeckte Hochgebirge und stehen im lieblichsten Gegensatz zu ihm. Die ungeheure Ausdehnung des Rahmens bedingt aber bei den gewaltigen Dimensionen der von ihm eingeschlossenen Landschaft jene grandiosen, atmosphärischen Lichteffekte, bringt jenen ergreifenden, seltsamen Farbenzauber zum Ausdruck, wie er in eng begrenzten Tälern sich nie entfalten kann, jene märchenhaften Lichtwunder, welche wir sonst nur in den ungeheuren Steppen und Ebenen des Ostens zu bewundern Gelegenheit haben.

Wir ritten den Hang hinunter bis zum Rande des mächtig angeschwollenen Bergwassers, in dessen Bett fortgetriftete Felsblöcke dumpf dröhnend aneinanderschlugen. Auf dem linken, südlichen Ufer seinem Laufe folgend, kamen wir zu einer Wiesenfläche mit einem Brunnen, dessen Holztrog, ebenso wie die Umgebung, mit einer Schicht mennigroten Sinters bekleidet war. Einige der dort weidenden Kühe soffen mit Behagen aus dem Trog; als wir jedoch mit unseren Pferden ankamen, verdrängten diese das Hornvieh und schlürften mit solcher Begierde das salzige Nass ein, dass sie nur schwer wieder davon weg zu bringen waren. Der Brunnen liefert einen kräftigen, äußerst wohlschmeckenden Eisensäuerling, von den Tieren nicht weniger gewürdigt, wie von den Menschen. Solcher Mineralquellen gibt es im Mulchra-Tal und in den Nebentälern eine ganze Menge, aber noch hat sich kein kapitalkräftiger Unternehmer gefunden, um sie zu verwerten, während man auf den Tafeln der kaukasischen Städte allenthalben das teuere, fremde Mineralwasser oder künstliches sieht. Allerdings müsste erst eine gute Straßenverbindung mit dem Rion-Tal hergestellt sein, bevor an eine Hebung dieses Schatzes gedacht werden könnte. Auf den Talwiesen, wo man mit der Heumahd beschäftigt war, fand ich das Heu von erstaunlicher Üppigkeit. Auch sah man hier zum ersten Male größere Viehherden auf der Weide, bei der Nahe so vieler Dörfer eine erklärliche Ausnahme von der Regel. Die Hirten trugen nicht nur über dem Oberkörper die schon beschriebenen, rauen Fellumwürfe, sondern öfters waren sogar ihre Beinkleider aus solchen Fellen gefertigt, was den Leuten das Aussehen zottiger Tiere gab.

Die Granitregion, welche ostwärts des Elbrus den Kamm des hohen Kaukasus bildet, erscheint im Meridian des Uschba etwas zusammengeschnürt. Im Gegenhalt zur Nordseite, wo sie sich in gewaltige Äste verzweigt, fällt sie auf der Südseite als pralle Mauer ab; eine Ausnahme von dieser Regel macht gerade das Uschbamassiv, indem es, gleich einem Kap, aus dem Hauptkamme heraustritt. In charakteristischer Weise ist an seinem Bau zu erkennen, wie infolge einer gewaltigen Verwerfung und intensiven Faltung die Systeme der kristallinischen Schiefer und der alten Tonschiefer auf der Südseite gebrochen wurden und unter die granitische Mauer abgesunken sind; nur das erstgenannte Schiefersystem und auch dieses nur in schmaler Zone umgibt noch

ihren Südfuß, am Uschba bis kaum zu einem Drittel der Erhebung des ungeheuren Granitmassives über der Talsohle von Betscho aufreichend. Gerade auf diesem Umstand beruht das Wirkungsvolle seiner Architektur. In ungeheuren Vertikalwänden, gleich Riesenpfeilern, entsteigt die nackte, ungeschichtete Granitmasse den weicheren Schichten der Basis bis zu schwindelnder Höhe. Kein anderer Berg Swanetiens, wiewohl viele derselben weit höher sind, kommt dem Uschba an gewaltigem Ausdruck gleich, weil sie eben weit höher hinauf von den weniger bedeutend profilierten Faltensystemen der Schiefer umlagert sind; er kann darum mit Recht der Herrscher Swanetiens genannt werden. Nach Freshfield hat der Uschba seinen Namen vom georgischen oder swanetischen Usch = Sturm oder Regen, weil meist Wolken an ihm sich ansetzen und örtliche Stürme und Unwetter hervorrufen; er wäre also ein kaukasisches Wetterhorn. Donklin bestätigt dies. Nach Akinfiew bedeutet Uschba so viel wie Ungeheuer; nach Iljin aber Usch so viel als Schreckbild und ba = Berg, mithin hätten wir ein Schreckhorn in Uschba zu sehen.

Da das Tal im Norden durch den Uschba, im Westen durch die genannten waldigen Rücken völlig geschlossen wird und nur gegen Süden offen bleibt, erfreut es sich im Verhältnis zur Höhe eines milden Klimas, und die Vegetation ist daher eine mannigfaltige, die Wiesen überaus saftig, von leuchtendem Grün, das Buschwerk reich und in parkartigen Gruppen zerstreut. Zwei speziell kaukasische Pflanzen sind hier sehr gewöhnlich, Helleborus caucasica, die kaukasische Nieswurz und das kaukasische Geißblatt (Lonicera caucasica). Unter den Sträuchern herrschen außerdem Carpinus, Eberesche, Ahorn vor, und an den Bächen die alten Bekannten aus der Heimat, Haselnuss und Erle; auch Rhamnus-Arten und Schneeball (Viburnum) sind talaufwärts häufig. Die Baumflora besteht aus hübschen Einzelgruppen und bildet erst am Talschluss zusammenhängenden Wald, gemischt aus der orientalischen Fichte, die hier einen schmalpyramidigen Bau zeigt, Birken, einigen Buchen und Espen. Fiel mir bisher bei der Wanderung durch Swanien eine große Armut an Vögeln auf, so war hier Busch und Wald von lieblichen Sängern belebt (Nachtigallen, Pirole, Finken etc.). Der Gesamteindruck des Tales, eingeschlossen, wie es zwischen sanft geschwellten Waldhöhen ist, mit seinen grünen Alpenmatten, durchzogen von murmelnden Bächen und umweht von milden, spielenden Lüften, war ein durchaus idyllischer. Waldesfrische und Alpenduft, heilige Stille, nur wenig gebrochen von sprudelnden Wassern, anmutig bewegte Linien des Geländes erfüllen die Seele mit Beruhigung – solange den Hintergrund Nebel decken. Wenn aber der Talschluss wie heute sich abklärt und die ungeheure Pyramide des Uschba ins leuchtende Abendrot über dem Dunkel der Waldzone hoch über den Wolken zu einsamer Höhe emporstarrt, so wechselt der Eindruck rasch. Obwohl von dem Doppelberge hier nur ein Turm sichtbar ist und dieser sogar noch in starker Verkürzung – wenn demnach die Erscheinung nicht in der übergewaltigen Gestalt sich darbietet, wie von den umliegenden Höhen des Mittelgebirges aus gesehen –, so zeichnen sich die schroffen Granitmassen doch noch immer mit so kühnen und scharfen Linien in den

Abendhimmel hinein, bauen sich so unheimlich herausfordernd und doch so unnahbar auf, wie ein stummer Mahner an menschliche Ohnmacht. Wenn sonst Berge, besonders in schöner Abendbeleuchtung, dem Bergsteiger das Gefühl der Sehnsucht einflößen, auf ihrem Scheitel zu stehen, so bemächtigt sich hier des Beschauers bei solchen Gedanken eine Empfindung des Grauens. Man möchte sich abwenden, den Blick zurücklenken zu den umgebenden, sanfteren Formen, um die Seelenruhe wiederzufinden; aber wie mit Zauberkraft zieht der Riese immer wieder den Blick des ehrgeizigen Bergsteigers an, der sich nicht sattzusehen vermag an der drohenden Gestalt, bewundernd, aber auch spähend und prüfend, ob unter dem granitenen Panzer nicht doch irgendwo die Achillesferse sich zeigen möchte, welche jedem Berge zu eigen ist. Vergeblich! – Keine Schwäche, keine vermittelnde Linie ist an den Terrassenabstürzen des machtvollen Gipfelbaues zu entdecken. Erst als die Schatten der Nacht herabsanken und der eben noch rosig aufleuchtende, schneeige Scheitel, hoch über horizontalen Wolkenschichten in das metallene Gelb des Abendhimmels ragend, nun im starren Todesschlummer zu erbleichen schien, da rieb ich mir die Augen, renkte den durch das lange Hinaufstarren steif gewordenen Hals wieder ein und kehrte zu den Bedürfnissen des Augenblicks zurück.

Versuch auf Uschba.

Der nächste Morgen (10. Juli) sollte uns der Erfüllung des Traumes näher bringen. Die swanetischen Träger kamen nicht zeitig genug zur Stelle, und so konnten wir erst 9 Uhr vormittags aufbrechen, nachdem die Liebenswürdigkeit des Pristaws uns noch reichlich mit gutem Roggenbrot versorgt hatte. Ein Steig führt sanft ansteigend am linken Flussufer durch Wiesen talaufwärts und an den Gehöften von Tetnasch (1547 m) vorbei, biegt aber dann rechts nordöstlich ab, zu steilen Grashängen, welche das rechte Ufer des hier einmündenden Gula-tschala-Baches bilden. In etwa 1650 m treffen wir auf die Ruinen eines größeren Dorfes, ehemals von einer zahlreichen Bevölkerung bewohnt. Man weiß nicht sicher, durch welche Umstände der einstens blühende Ort zur Ruine wurde, doch wird angenommen, eine Epidemie habe vor einigen hundert Jahren den größten Teil der Bevölkerung hinweggerafft und der Rest sei entflohen. Eine große Anzahl Skelette, welche unter den Trümmern der Häuser, zusammen mit Bogen, Pfeilen und Geweihen von Steinböcken gefunden wurden, scheinen dies zu bestätigen.

Nach etwa dreistündigem, sehr heißem Marsche erreichten wir das 1882 m hoch gelegene Bergdörfchen Gul und erquickten uns dort an köstlich frischem Sauerwasser, das an mehreren Stellen dem Boden entquillt. Das Gul-Tal verengt sich weiterhin zu einer tief eingeschnittenen Steilschlucht und man muss sich hoch oben an jenem Rücken zur Linken halten, welcher das Tal vom parallelen Schturga-Tal trennt, bis mit Erreichung einer höheren Talstufe der Weg wieder nahe am Gul-Bache fortgesetzt werden kann.

Ein riesiger, nicht sehr alter Moränen-Rücken ist dem Gul-Gletscher, aus welchem der wilde Bach entspringt, vorgelagert und zeigt an, dass die Eismassen in nicht weit zurückliegender Zeit etwa 400 m tiefer herabreichten. Von den Seitenbächen, welche hier einmünden, führen mehrere Mineralwasser aus hochgelegenen Bergquellen herab, ähnlich im Geschmack jenem von Betscho; der Hang scheint in seinem Schoße eine Menge dieses Säuerlings zu bergen. Der uns begleitende swanetische Jäger Haidar sagte, die Steinböcke kämen mit Vorliebe nachts bis zu diesen Gewässern zur Tränke herab, weshalb er in den nächsten Tagen die Gelegenheit nützen wolle, dort zu jagen. Am linken Ufer befanden sich jedoch auf den steilen Bergwiesen eine Menge Pferde auf Sommerweide, und darum schien mir die Annäherung der sonst so scheuen Hochgebirgstiere nicht recht glaubwürdig.

Von der Höhe eröffnet sich ein wundervoller Ausblick zur Tiefe des lieblichen Betscho-Tales, bis hinaus zu seiner Mündung in den Ingur-Kessel, sowie auf den langen Zug der gletscherblinkenden Laila-Kette. Wegen der durchgängig großen Steilheit der Bergwiesen war es nicht leicht, einen passenden Platz für das Zelt ausfindig zu machen; wir klommen immer höher empor, bis es endlich gelang, nur mehr 280 m unter dem Zungenende des Gletschers – 4½ Stunden ab Betscho – bei 2400 m Seehöhe auf ein schmales, vorspringendes, fast ebenes Plateau zu treffen, das Raum genug für das Zelt und hinter umherliegenden Granitblöcken auch Schutz für die swanetischen Begleiter bot.

Das swanetische Haus ist im Grundriss ein stark verlängertes Viereck, etwa 18–26 m lang auf 14–20 m Breite und etwa 10–12 m hoch. Die Mauern sind meist aus unregelmäßigen Tonschieferstücken kunstlos errichtet und mit Kalkmörtel gefestigt; die Bauart ist jedoch meist eine wenig sorgfältige, sodass viele Häuser schlimme Risse aufweisen. In den Dörfern des östlichen »freien Swanetien«, Uschkul, Mestia, Mulach etc., zeigen Häuser und Türme einen weißen Anstrich von Kalkfarbe; auch bilden dort öfters statt

Schiefer Kalk- oder Granitblöcke das Baumaterial. Die Dächer haben eine flache Giebelform, hölzernen Dachstuhl und sind mit dünnen Schieferstücken, in Reihen geordnet, gedeckt und durch Steine beschwert. Die Türme sind gewöhnlich am Ende einer Breitseite der Häuser angebaut. Innerlich ist die Höhe des Hauses durch eine Lage roh behauener, runder Baumstämme in Erdgeschoss und ersten Stock getrennt. Anstatt der Treppe führt zu einer lochartigen Öffnung in dieser Balkenlage, durch welche man in die

höhere Abteilung emporkriecht, ein in einer Ecke steil an-
gelehnter, runder Stamm mit als Stufen dienenden, roh
eingehackten Kerben, in die man den Fuß seitlich einset-
zen muss. Das Freiaufsteigen an solcher Leiter, um aus dem
Erdgeschoss in das erste Stockwerk zu gelangen, erfordert
deshalb eine sichere Beherrschung des Gleichgewichts. Jede
Etage besteht meist nur aus einem einzigen Raum; im Erdgeschoss ist der Estrich aus festgestampftem Lehm oder
Erde hergestellt, während die Rundbalken der Decke den
Fußboden des oberen Stockwerkes bilden. Das Mauerwerk
ist roh, ohne Verputz. Licht dringt nur durch einige schieß-
schartenförmige Löcher und durch die Tür. Rauchfang ist
keiner vorhanden; die Feuerstelle befindet sich meist in der
Mitte, manchmal an der Seite des Wohnraumes in einer
Vertiefung des Bodens, und von der Decke hängt eine Kette
mit eisernem Kessel darüber herab. Darum sind auch
Wände und Decke stets mit einer dicken Rußschicht bedeckt, und das Innere der swanetischen Wohnungen ruft

so bei dem ohnedies spärlich eindringenden Licht eher den
Eindruck einer Höhle als einer menschlichen Wohnstätte
hervor. Schmutz und Gestank tragen das Ihrige dazu bei,
den Aufenthalt darin für Europäer unerträglich zu machen.
Im Winter teilt die Familie diesen Wohnraum mit dem

Vieh, für welches an einer Längswand eine höchst eigenartige Stallung angebracht ist, in Form eines großen Holzverschlages von zwei Stockwerken, in deren unterem das Großvieh steht, während oben das Kleinvieh untergebracht wird. Löcher in dem Verschlag erlauben den Tieren die Köpfe an die Futtertröge herauszustrecken; das Balkenwerk solcher Verschläge zeigt oft rohe Schnitzerei als Verzierung. An einer anderen Wand befinden sich gewöhnlich schön gezimmerte Holzkisten von ganz bedeutendem Umfang zur Aufbewahrung der Vorräte; mittelst Leitern oben beschriebener Art werden die Provisionen oben in die Abteilungen des Kastens eingeschüttet, und unten befinden sich lochartige, durch Holzpflöcke geschlossene Öffnungen. Wird der Pflock herausgezogen, so läuft der Inhalt der Abteilung, Getreide, Mehl, Bohnen etc., von selbst durch den Druck der Masse in das untergehaltene Gefäß. Die Bearbeitung dieser Kästen ist im Gegenhalt zu andern swanetischen Inventarstücken meist eine sorgfältigere, und sogar mancherlei rohe Schnitzereien kann man öfters daran bemerken.

Von den übrigen Einrichtungsgegenständen sind zu erwähnen: am Feuerplatz eine Schieferplatte, auf drei oder vier niederen Füßen ruhend, welche, über ein Kohlenfeuer gestellt, zum Brotbacken dient; indem man die kleinen, ungesäuerten Gerstenmehlkuchen unmittelbar darauflegt; dann die Lagerstätten, große, etwa 0,40 m hohe Holzgestelle, mit einigen Strohmatten und Tierfellen bedeckt, auf welchen die ganze Familie ihre Ruhe findet, insofern, als die Mitbewohner aus dem Insektenreiche dies zulassen. Ferner hängt von der Decke herab an einem Strick ein kleiner, offener Kasten, zur Aufbewahrung von Käse, Airam u. dergl. bestimmt. Als Sitze, wie als Tische dienen niedrige Holzbänke; die Gefäße zur Bereitung der Speisen sind meist aus Holz geschnitzt, die größeren oft nur ausgehöhlte Abschnitte von Baumstämmen. Die primitive Vorrichtung zur Destillierung des Schnapses besteht aus zwei großen, runden Tongefäßen, in der Form von römischen Amphoren, welche durch ein Rohr verbunden und mit Lehm verschmiert werden. Auch die Ackergeräte, Pflug, Dreschapparat, werden gewöhnlich im Wohnraum aufbewahrt, ebenso Hacken, Bastkörbe, Schläuche aus Tierfellen, deren man sich zum Transport von Airam, und geröstetem Mehl etc. auf Reisen bedient, endlich lange, alte Feuerschlossgewehre und Schneereifen. Diese Letzteren, von ovaler Form, haben statt Bindfaden-Verschnürung solche aus Bast und sind in der Konstruktion den unseren ganz ähnlich.

Das untere Geschoss dient gewöhnlich im Winter, das obere, etwas luftigere, im Sommer als Wohnstätte, und in letzterem ist häufig noch ein kleiner Raum abgeteilt als Vorratskammer. Neben den Vorräten findet man dort die Festgewänder, selbstgewebte Stoffe, Strohmatten u. dergl., über einen gespannten Wollstrick gehängt, endlich die zum Spinnen bestimmte Wolle und einen einfachen Webstuhl, auf welchem die Frauen grobe Stoffe zu Kleidern fertigen. Alles in und um diese swanetischen Wohnräume und ihre Einrichtung ist höchst primitiv, kunstlos, nüchtern, kaum eine Spur von irgendwelchem Bestreben zur Verfeinerung des Lebens zeigend, und darum ruft ihr Anblick einen trostlosen, ernüchternden Eindruck hervor. Man frägt sich, ob ein solches Leben den Preis der mit jedem Dasein verknüpften Leiden wert ist.

Nach der Besichtigung des Hauses bestiegen wir auch einen Turm; ich habe schon gesagt, dass die Türme meist 20–24 m hoch sind und quadratischen Grundriss haben, sowie in jedem der vier Stockwerke eine Reihe Schießscharten. Von gleichem Material errichtet wie die Häuser, zeigen sie nach oben unbedeutende Verjüngung, welche aber deshalb kaum in die Augen fällt, weil die oberste Reihe Schießscharten durch eine Art in Relief herausgebauter Embrasur mit Archivolten gedeckt ist, auf welcher das schwach geneigte Dach aus Schieferplatten unmittelbar aufsitzt. In halber Höhe des Turmes befindet sich gewöhnlich ein, öfters auch mehrere Holzbalkone. Wenn der Eingang zum Turme unmittelbar an der Straße liegt, so ist er beiläufig 2 m über dem Erdboden angebracht, und in diesem Falle führt eine Leiter oben beschriebener Art zu ihm hinauf, welche im Verteidigungsfalle hinaufgezogen wurde; manchmal ist die Leiter durch einige, aus dem Mauerwerke herausragende Steine ersetzt. In den meisten Fällen befindet sich jedoch der Eingang an derjenigen Seite des Turmes, welche dem Hausdache zugekehrt ist, etwas oberhalb dieses Letzteren, und ist durch eine Holzbrücke mit ihm verbunden. Im Falle der Bedrohung flüchtete sich der Hausherr mit seinen Angehörigen über das Dach in den Turm, stieß die Brücke ab oder zog sie in das Innere zurück und befand sich somit in Sicherheit. Von solcher Art war auch der Eingang zu dem Turm, welchen wir bestiegen, und da sowohl, das Hausdach, wie die Brücke sich in äußerst gebrechlichem Zustande befanden, war dieser Übergang, für uns wenigstens, alles eher als eine Quelle der Sicherheit. Auch das Innere des Turmes erwies sich sehr ruinös; da unter den heutigen, friedlicheren Verhältnissen Türme nicht mehr gebraucht werden und das Gefüge der Mauern wenig solid ist, so sind die meisten innerlich schon halb zerfallen und auch äußerlich zeigen viele von ihnen Spuren baldigen Einsturzes. Nach 50 Jahren wird die Physiognomie der swanetischen Landschaften dieses eigenartigen Schmuckes nahezu völlig entbehren.

Durch Balkenlagen ist der Turm in vier Geschosse geteilt, und ein Rundstamm mit leichten Einkerbungen lehnt wie im Hause, so auch hier als sehr steile Leiter in der Ecke jeder Etage; da er jedoch meistens zu kurz ist, so hat man sich, um in das nächst höhere Stockwerk zu gelangen, noch gewöhnlich eines oder mehrerer, zu diesem Zweck aus der Mauer vorspringender Steine zu bedienen. Es gehört also zu solchem Aufstieg eine gewisse turnerische Gewandtheit und Sicherheit; ein Schwanken oder Fehltreten würde den Aufsteigenden allzu rasch auf die harten Balken 6 m tiefer hinabbefördern. Im Innern des von uns in Ezeri besuchten Turmes fanden sich in einem Geschosse mehrere jener

schon erwähnten, massigen, schön gezimmerten, hohen Vorratskästen, sowie allerlei Geräte, Strohmatten etc., in einem anderen Stockwerk lag eine Anzahl Steinbockgehörne umher, und überall traf man viel Schmutz und Schutt. Trotz des gefährlichen Verfallzustandes, in welchem sich der oberste Teil des Turmes schon befand, ließen wir es uns doch nicht nehmen, allerdings unter Anwendung besonderer Vorsicht, auf das höchst gebrechliche und mürbe Dach hinauszusteigen, um dort einen prachtvollen Rundblick zu genießen.

Vielversprechend ging die Sonne zur Rüste und wir hatten noch einige Stunden durch emsige Arbeit auszufüllen, bis alles Nötige für den kommenden, bedeutungsvollen Tag vorbereitet war. Die wenigen, für die Ruhe noch verbleibenden Stunden waren von keinem Schlummer versüßt, denn die Erwartung bevorstehender Ereignisse erfüllte die Seele bald mit froher Hoffnung, bald mit einem Vorgefühle von Enttäuschung. Bilder der Gefahr und des Triumphes drängten und jagten einander, sodass ich froh war, als wir uns gegen Mitternacht erhoben, eine Tasse rasch bereiteten Tees hinuntergossen und um 12 h 54 m das Zelt verließen. Haidar sollte, um unsere Kräfte beim Beginne des Anstieges zu schonen, den Proviant bis zum Rande des Gletschers hinauftragen. Nur wenige Sterne zeigten ihr schwach glitzerndes Licht am umdüsterten Himmel, die Luft war kaum bewegt, und Uschba, wie schlummernd, in einen dünnen Nebelmantel gehüllt – alles wenig trostvolle Wetterzeichen. Solch' nächtlicher Abmarsch zu einer von der Natur zum Schlafe bestimmten Zeit hat stets etwas Unbehagliches, Verstimmendes an sich; man verlässt Ruhe und Sicherheit, um schwerer Arbeit und Gefahren, einem unbestimmten Schicksal entgegenzugehen. Günstige Wetterzeichen, die Gewähr des Erfolges in sich bergend, schwächen die seelische Depression ab, ungünstige verstärken sie. Lautlos wandelten wir beim Laternenschein über weiche Graspolster, dann über Schneeflecken und Blöcke aufwärts; keiner wollte dem andern seine Befürchtungen mitteilen, denn Jeder war sich bewusst, dass vorwärts gestrebt werden musste, bis zur Grenze der Möglichkeit. Die ersten Schneefelder waren weich wie Mus, und drüben über dem Ingur-Tal leuchteten einzelne Blitze zwischen den um die Laila-Gletscher wogenden Dünsten; leichtes, dumpfes Rollen ging durch die Luft, eine unheimliche Mahnung im Düster der Nacht! –

Nach 3½ Uhr erst wurde das Gletschereis betreten, da wir der unteren, spaltenreichen Zunge etwas nach Osten ausgewichen waren; besser wäre es jedoch gewesen, noch viel weiter ostwärts zu gehen, gegen das Felshorn zu, welches Mr. Freshfield im Jahre 1887 erstieg und damals als das »Hörnli« des Uschba bezeichnete, denn dort schien das Eis am wenigsten zerborsten. Da, wo wir den Gletscher überschritten, war er tausendfach zerspalten und schon recht steil, sodass viel Zeit mit Umgehung der Schründe verloren ging. Eine ungemein langgezogene Spalte ließ kein Ausweichen zu; der Übergang musste unbedingt erzwungen werden. Für solche Zwecke und für Überschreitung reißender Gletscherbäche hatten wir eigens einen besonders langen, sehr starken Bergstock aus der Heimat mitgenommen, sodass stets unser drei mit Eisäxten bewaffnet waren, ein Mann aber den Bergstock trug. Dieser mächtige Prügel wurde nun quer in die Spalte eingeklemmt, Herr Purtscheller, ans Seil gebunden, hing sich mit den Händen daran und hantelte sich hinüber, worauf ihn ein regelrechter Aufschwung zum Rande des Eises brachte, auf welches er sich hinaufstemmte. Wir drei, von drüben nun durch das Seil versichert, konnten den weiten Sprung über die gähnende Kluft wagen. Bald begann es im Osten. sich leise zu röten und langsam verblichen die Schatten der Nacht, aber es war keine Flut sonniger Helle, wie sie sonst bei Tagesanbruch den Bergwanderer beglückt, sondern matt und trübe stieg der junge Tag empor, nur mühsam die Nacht bezwingend. Die fahlen Granitgebirge in der Nähe türmten sich unheimlich und kalt empor; was weiter entfernt war, lag verhüllt. Wolkenmassen hatten sich angesammelt und hingen tief, wie festgebannt, grau und schwer, als wären sie aus Blei geformt. Die Riesenmauern des Uschba verloren sich in rauchartigen Nebeln, zwischen welchen bleiche Streifen in unbestimmten Umrissen die Helle der Gletscherarme andeuteten. Erhaben groß war ja diese Umgebung, aber voll tiefen, schweren Ernstes, fast furchtbar anzuschauen. Noch heute steht sie mir wie ein Albdruck vor der Seele!

Die Steigeisen mussten schon beim ersten Beginn der Gletscherwanderung angelegt werden und erwiesen sich als sehr nützlich, denn sonst hätte gleich mit Stufenschlagen begonnen werden müssen. Das Eis war nur mit einer ganz dünnen Schicht Schnee bedeckt; aber wo immer eine muldenförmige Vertiefung sich ausgebildet hatte, zeigte sie sich von dicken Haufen Lawinenschnees erfüllt, den stummen Zeugen der Lawinengefährlichkeit des Hanges. Wie konnte dies auch anders sein bei einem zwischen ungeheuren Felswänden eingeschlossenen Eishang von 1600 m Höhe bei solch ungewöhnlicher Steile! Auf einer kleinen Felseninsel oberhalb eines Lawinenschneekegels, in etwa 3450 m Höhe, hielten wir zu einem Imbiss von 5 Uhr bis 5h 28m, da sich aller Voraussetzung nach zu einer weiteren Rast kein geeigneter Ort mehr finden durfte. Hier beginnt nämlich die steilere Böschung des Eises, welche nun bis zur Sattelhöhe auf einer Vertikal-Distanz von 1200 m, also einer

Böschungslinie von wenigstens 1600 m Länge, nie mehr unter 55° sinkt, aber an mehreren Stellen bis zu 70° Neigung annimmt. Trotz der eisenbewehrten Füße waren die Stufen nun gründlicher zu schlagen; diese Arbeit nahm viel Zeit in Anspruch und der Fortschritt verlangsamte. Unter solchen Verhältnissen musste eine aus der Eisdecke schwach herausragende Felspartie schon im Hinblick auf die Zeitersparnis sehr verlockend erscheinen, und wir suchten an den nur wenig gestuften Felsen emporzuklimmen, allein ihre starke Glasierung machte die Kletterei doch so bedenklich, dass wir für die Zukunft von solchen Abschweifungen lieber absahen.

Die Eisklippenbildung ringsumher nahm wahrhaft phantastische Formen an, die, trotz der außerordentlichen Mühe des Anstieges und obwohl eine ununterbrochene Folge schwieriger Umstände die Aufmerksamkeit in beständiger Spannung hielt, noch unsere staunende Bewunderung hervorriefen. Einzelne Blöcke, mächtig aufragend, bargen tiefe Höhlen, blau und grünlich schimmernd, von deren Rändern prächtige Eisdraperien und Zinken herabhingen, glitzernd wie der Schmuck einer Feengrotte!

Die zwei urkräftigen Tiroler arbeiteten, im Stufenschlagen einander ablösend, darauf los, dass es eine Freude war. Gegen 8 Uhr landeten wir am Fuße einer fast senkrechten Felswand, dem Absturz eines kleinen Zwischenzuges, der nunmehr das Gletschercouloir in zwei Arme teilt. Von diesen war der westliche allerdings abschreckend steil, allein wiewohl man ihn seiner ganzen Höhlenausdehnung nach bis hinauf zur Ausmündung am Sattel zwischen den beiden Gipfeln zu übersehen vermochte, so ließen sich doch nirgends größere Spalten darin wahrnehmen. Hingegen war der Zugang unten durch ein furchtbares Hindernis verteidigt; unmittelbar vor uns starrte eine lange Reihe seltsam geformter Eisklippen empor, von unserer Felswand bis zum Beginn des Couloirs hinüberreichend. Bedrohliche Gebilde waren es, in Form von Türmen, Hörnern, Pyramiden etc., alle behangen mit draperieartigen Zierraten, Zapfen und Zinken, Stalaktiten ähnelnd, nur dass sie in wunderbaren Farben spielten, vom glitzernden Weiß bis zum tiefen Blau und Grün, funkelnd wie mit Tausenden von Diamanten besät, – Traumgebilde eines Märchendichters!

Nur wenig unterhalb dieser merkwürdigen Galerie durchsetzte die ganze Breite des Eises ein weiter, gähnender Spalt. An seinem oberen Rande gerade unter diesen unheimlichen Eisklippen entlang hätte man nun etwa 100 Schritte weit traversieren müssen, um den Eingang zum jenseitigen Arm des Couloirs zu erreichen. In jedem Augenblick aber konnte sich von den gebrechlichen Eisbauten irgendein Zacken loslösen, genügend, um alles was in seinem Fallbereich lag in die Tiefe der Kluft zu reißen. Das war nicht sehr verlockend, aber noch viel weniger einladend nahm sich der östliche Arm des Couloirs aus, denn wenn er auch stellenweise eine etwas schwächere Böschung zeigte, so war das Eis dafür sehr uneben und daher allenthalben von zahlreichen, kaum überschreitbaren Schründen zerrissen. Mauerglatt, ohne jegliche Abstufungen, fallen viele Hundert Meter hoch allseits die Felsen der Uschba-Türme auf die furchtbaren Eishänge ein. Für uns blieb aber unter solchen

Umständen keine Wahl, als den Aufstieg durch das Couloir zur Linken zu nehmen, trotzdem schon auf dem Wege bis zu seinem Eingang unleugbare Gefahren lauerten. Oder sollten wir bereits hier mutlos ein Unternehmen aufgeben, dessen Gelingen seit Monaten Gegenstand unserer Hoffnungen und Wünsche war? Vielleicht hätte warmer Sonnenschein eine bejahende Antwort auf diese Frage finden lassen und wir würden den Übergang nicht gewagt haben, aber bei dem herrschenden, trübnebligen Wetter schien die Gefahr doch etwas abgeschwächt; man konnte das Wagnis eingehen. Und so querten wir denn auf dem oberen Rande der Spalte den Eishang; über uns die lange Reihe drohender Zackengebilde, unterhalb die gähnende Tiefe des Schrundes, unser sicheres Grab, falls auch nur einer der vielen Zacken zu Falle kam.

Die Pontresina-Führer pflegen beim Wege durch das sogenannte Labyrinth, den großen Eisbruch unterhalb des Piz Bernina, den Touristen das Sprechen zu verbieten, da jeder Laut durch seine Schallwellen eine Eisklippe zu Sturze bringen könnte. Dergleichen Warnung war in unserer Lage nicht nötig; bei solchem Wagnis erstirbt jede Rede auf der Zunge, und das ganze Wesen des Menschen konzentriert sich zu fast atemloser Spannung. Kommt dabei auch ein Gedanke der Furcht auf? wird so mancher fragen, und ich muss diese Frage verneinen. Die Zeit hierzu ist nicht gegeben; die Gedanken sind schon lange drüben außerhalb des Bereiches der Gefahr, indes der Körper noch mitten darin wandelt und fast mechanisch vorwärts strebt. Wir kamen unversehrt hinüber und drüben sahen wir einer den andern an, doch keiner sprach ein Wort. Jeder wusste, was der andere dachte: Einmal sind wir glücklich durchgekommen, aber dieselbe Gefahr erwartet uns bei der Rückkehr, und wie wird es dann gehen? Wozu aber auch der eisernen Notwendigkeit gegenüber sich und andern bange machen? »Mag, was da will und kann, geschehen!« Nur wenige Atemzüge der Erleichterung wurden herausgepresst und dann der jetzt erschlossene Eiskanal einer genaueren Musterung unterzogen. Also da hinauf? – Keiner von uns hatte je einen ähnlichen Eishang vor sich gesehen, noch viel weniger begangen, denn in den europäischen Alpen gibt es nichts derartiges. Vor allem drängte sich die Notwendigkeit auf, die Stufen mit großer Sorgfalt zu schlagen, um den Rückweg zu ermöglichen. Auch die Frage der Lawinengefährlichkeit erregte lebhafte Besorgnis; Steinfälle von den riesigen Felswänden herab oder Eisbrüche von den Séracs, welche am Fuße der Felsen entlang das Couloir zu beiden Seiten wie eine Allee begrenzten, nicht minder Abstürze von den drohenden Wächten am Sattel, schienen durchaus im Bereich der Möglichkeit. Die an manchen Stellen der Firndecke eingefurchten Lawinenstreifen bekundeten die Gefahr, aber andererseits dienten sie auch als Warner und bezeichneten die Stellen, an welchen auszuweichen geboten schien. Das kalte, neblige Wetter gewährte zudem einige Beruhigung, denn energische Sonnenbestrahlung als Lawinenerreger war für heute kaum mehr zu erwarten. Also vorwärts!

Die Neigung des Hanges wechselte von 60 zu 70° und sank nie darunter, was ich durch mehrfache Klinometer-Beobachtungen feststellte. Dabei war die unangenehme Folge

des Stufenschlagens, dass die Untenstehenden beständig
von Eissplittern überschüttet wurden, die mit besonderer
Vorliebe zwischen Hemd und Haut in den Nacken eindran-
gen. Stille herrschte ringsum und düstere Nebel drängten
sich an uns heran. Nun begann es auch zu graupeln und ein
eisig kalter Wind wehte vom Sattel herab. Die Eiskörner
glitten pfeifend über den glatten Hang hinweg, in den kaum
geschlagenen Stufen sich festlegend; Schneestaub drang
durch alle Kleider, den Körper bis ins innerste Mark erkäl-
tend, ohne dass man zur Erwärmung heftige Bewegungen
hätte wagen dürfen.

Ernst war unser Tun und voll schauerlichen Ernstes die
hierzu passende Umgebung. Weißgraue Nebel umwogten
die Granitklippen der beiden Couloirwände, dass sie geheimnisvoll und bleich, in einzelnen, wechselnden Gruppen wie Skelette umrissen, sich darboten oder wie däm-
merige Traumgebilde auftauchten. Es war wie im Reich
des Todes. Um die Stufenarbeit abzukürzen, bemaßen die

Tiroler Riesen die Entfernungen von einer Stufe zur andern nach ihren eigenen, langen Beinen und meine weit kürzeren reichten daher oft kaum hin, den Abstand zu überwinden. Zu je zwei und zwei waren wir angeseilt, Kehrer mit Herrn Purtscheller, Unterweger mit mir, und die eine Partie hatte in Intervallen von je ¼ Stunde stets die andere in der Front abzulösen. Bei der großen Schwierigkeit des Ausweichens auf solchem Terrain gestaltete sich diese Ablösung immer zu einer etwas heiklen Operation. Da es galt, die Arbeit möglichst zu beschleunigen, schafften wir mit Aufbietung aller Kräfte; jeder tat sein Bestes. Der Erste schlug das Eis nur so weit an, um mit einigen Zacken der Fußeisen Stand zu gewinnen, und alle Folgenden vertieften und erweiterten die Stufen, was nebenbei auch den Vorteil hatte, den Körper etwas zu erwärmen. Unsere Fortschritte waren in Anbetracht der schwierigen Verhältnisse erstaunlich rasch zu nennen. Nach 1¾ Stunden zähester Arbeit standen wir unter einer über den Schartengrat herabhängenden, riesenhaften Wächte. Hier wurde unsere Lage kritisch; von so unsicherem Stande aus, mit den Pickeln nach einem über uns hereinhängenden, gewaltigen Schneedache in die Höhe schlagen, dessen losgelöstes Material in Massen auf uns selbst herabfallen musste, das erforderte mehr, als gewöhnliches Geschick und besondere Vorsicht. Dabei war es geradezu unmöglich, mit voller Kraft zum Schlage auszugreifen, ohne dass man sich der Gefahr, das Gleichgewicht zu verlieren, aussetzte. Bei einträchtigem Zusammenwirken gelang es aber dennoch, ein gutes Stück des Schneebollwerkes herauszuschlagen; 10½ Uhr war es, als

Unterweger durch die endlich fertige Bresche sich bis auf den Rücken der mächtig aufgeworfenen Wächte durchgearbeitet hatte und nun oben Standplätze für die Nachfolgenden ausschlug.

Graupeln, bitterkalter Wind, Nebelwogen waren der unhöfliche Gruß, mit welchem die heimischen Berggeister des Uschba uns auf der schwer erkämpften Höhe empfingen, voll Zorn über den ungebetenen Besuch; allein für den Augenblick nahm niemand von uns viel Notiz von solcher Grobheit. Allzugroß war die Spannung, sofort Gewissheit zu erlangen, ob 9 Stunden unerhörter Anstrengung und andauernder Gefahr auch ihren Lohn finden sollten, ob es uns vergönnt sein würde, eines der schwierigsten, bergsteigerischen Probleme im kaukasischen Hochgipfel zu besiegen oder – zurückgewiesen von dem furchtbaren Berge, geschlagen umkehren zu müssen? Der Nebel war nicht dicht genug, die Aussicht auf die nächste Umgebung ganz zu verschleiern und heftige Windstöße schafften den ängstlich spähenden Blicken bald vollends freien Raum; es bedurfte nur weniger Minuten, um uns allen die Überzeugung einer Niederlage aufzudrängen und die Einsicht, dass dieses fatale Schicksal so gut wie verbrieft und besiegelt war. In prallen Wänden hängen die Felsen des Südwest-Gipfels auf die Scharte herein, ungefähr 100 m unersteiglicher Granitklippen – unersteiglich auf alle Fälle von hier aus, selbst in völlig aperem Zustande, und ganz besonders heute, wo sie mit Eis und Schnee ganz verkleistert sich zeigten. Auch an der anderen, dem Nordwesten zugekehrten Seite, soweit man sie zu überblicken vermochte, war kein Angriffspunkt zu erspähen, nicht einmal eine mögliche Übergangsstelle vom Sattel zum Fels. Aus der Stellung der Felsen – das ganze Granitmassiv ist schwach nach Nordosten geneigt – geht hervor, dass im Gegensatz zum Südwest-Gipfel der Nordost-Gipfel der Scharte seine zugänglichste Seite zuwendet.

Der Aufstieg zu ihm lag klar vor uns, eine wächtenreiche, mehrfach gebogene Firnschneide, durchsetzt und stellenweise gesperrt von hohen Eisklippen, Türmen und Nadeln. Für vier unternehmende, arbeitslustige Bergsteiger bildeten sie, bei Anwendung gehöriger Vorsicht, kein unüberwindliches Hindernis, und der Wunsch, wenigstens diesen einen Gipfel, als Lohn so vieler Mühe und Gefahr, zu betreten, drängte sich lebhaft genug auf, allein das Wetter nahm zusehends drohendere Gestaltung an, und der Gedanke an den langen und schwierigen Abstieg, die Sorge um das Leben, mussten alle ehrgeizigen Wünsche zurückdämmen. Während der ganzen Dauer des Aufstieges im Couloir hatten wir keine Gelegenheit versäumt, rechts und links die Felsen zu beobachten, doch nirgends ließ sich ein Angriffspunkt entdecken, womit jedoch durchaus nicht gesagt, sein soll, dass ein solcher bei eingehenderer Prüfung nicht dennoch gefunden werden könnte. Der ungemein feste Uschba-Granit ermöglicht wohl auch die kühnste Kletterei, sobald nur ein System sich folgender Risse und Spalten im Gestein entdeckt werden kann; aber um eine solche Angriffslinie genau festzulegen, müsste man zu wiederholten Malen und bei günstigem Wetter den Anstieg vielleicht bis zur Hälfte der Couloirhöhe machen. Eine unerlässliche Voraussetzung für das Gelingen wäre aber auf alle Fälle, dass die Felsen völlig eis- und schneefrei wären, was sie nur nach einer wochenlang anhaltenden Periode günstigen Wetters sein dürften. Es gehört besondere Gunst dazu, dass ein Bergsteiger diese Glücksumstände vereinigt findet.

Die Temperatur war auf –2½ °C gesunken, der Südwestwind wehte mit einer Stärke von 20 m p. Sekunde, und die Trübung des Firmamentes nahm rasch zu; sollte nicht ein Unwetter uns noch mitten in dem furchtbaren Couloir überraschen, so war es dringend geboten, schleunigst den Rückzug anzutreten. Kaum gönnte ich mir Zeit zur Ablesung der Instrumente. Die beobachtete Sattelhöhe ergab nach der in Tiflis gemachten Berechnung 4612 m, mithin wäre bis zum höchsten Gipfel (4698 m) noch eine Höhe von 86 m zu überwinden gewesen. Für diese Höhe kommt jedoch zunächst noch in Betracht, dass die gemessene Stelle, an der wir den Grat erreichten, nicht mit der niedrigsten Einsattelung der Schneide zusammenfällt, sondern näher am Südwest-Gipfel gelegen ist, wo sich die Schneide schon wieder erheblich emporgeschwungen hat, und dann wäre zu bedenken, dass zur Zeit unserer Besteigung ungeheure Schneewächten auf dem Kamm aufgehäuft lagen. Ich möchte daher wohl annehmen, dass die niederste Stelle des Kamms unter normalen Schneeverhältnissen auf etwa 4500 m festgesetzt werden darf.

Punkt 11 Uhr traten wir den Rückzug an, schon die ersten Schritte boten ernste Schwierigkeit; nur mit größter Vorsicht glückte es, von der weit ausragenden Wächte wieder glücklich hinab auf den Eishang zu gelangen. Bei seiner Steile musste man natürlich mit dem Gesicht gegen den Berg gewendet, also wie auf einer Leiter, absteigen, wobei kein Schritt abwärts gewagt werden durfte, ohne dass die Eisaxt fest genug eingerammt war, um das Körpergewicht so lange zu tragen, bis die beiden Füße in der nächsten, oft recht weit abwärts liegenden Stufe Halt gefunden hatten. Gerade darin aber lag eine große Schwierigkeit, denn durch die nur dünne Firnschichte hindurch musste oberhalb jeder neuen Stufe mit wiederholten, wuchtig geführten Stößen die Spitze der Axt so tief in das Eis getrieben werden, bis sie darin sicheren Halt fand. Wie sehr diese Gymnastik, mehrere Stunden lang fortgesetzt, endlich den Körper ermüdet, kann man sich wohl vorstellen, und dennoch durfte man es in dieser Hinsicht nie leichtnehmen, da unsere Lage, eine unbedingt ernste war. Dichter, bleigrauer Nebel wallte ringsumher; in dieser drangvollen Welt der Trübung war kein fester Umriss unterscheidbar, und jeder Schritt hinab schien ein Schritt ins Ungewisse, in den wogenden Abgrund. Die Stufen waren von dem inzwischen gefallenen Schnee und Graupel so gefüllt, dass man sie nur finden konnte, wenn man, an die eingeschlagene Axt sich klammernd, mit der Fußspitze am Eishang tastete. An dem Halt der Axt allein hing das Leben. »Bua steh' fest«, rief Kehrer dem Unterweger zu, und nie war solche Mahnung mehr am Platze; aber es muss auch anerkannt werden, dass die beiden Tiroler in gleicher Weise ihre Schuldigkeit taten, und ihrem Verhalten auf diesem schwierigen Wege, mit dem – Länge, Schwierigkeit und andauernde Gefahr zusammengenommen – keine Tour in den Alpen zu vergleichen ist, soll rückhaltloses Lob an dieser Stelle gezollt werden.

Inzwischen war der ganze Hang lebendig geworden, als

wollte er sich auflösen. Wind und eigene Schwere trieben von der Höhe herab. Schneekörner und Eiskristalle, die mit Sausen und Zischen pfeilschnell über die geneigte Eisfläche zur Tiefe glitten. Über, unter und neben uns ein furchtbar unheimliches Spiel, gerade wie wenn der Berg in seiner Auflösung zu uns heruntertriebe.

Gesicht und Nacken waren schutzlos diesen anprallenden Massen ausgesetzt; Kälte drang bis ins innerste Mark, während die Augen wie Feuer brannten, aber die Größe der Gefahr, die innere Erregung, mit welcher der Kampf ums Leben verbunden war, drängte jedes Schmerzgefühl bald wieder in den Hintergrund. Unter solchen Verhältnissen erreichten wir nach langen, schweren Stunden wieder das Ende des westl. Couloirs, die Stelle, wo unter den drohlich starrenden und hängenden Eisklippen hindurch zu traversieren war; allein wir achteten kaum mehr ihres dräuenden Wesens. Man sieht in solcher Lage nur das Ziel vor Augen, und alle Gedanken sind dem einen untergeordnet, es so rasch wie möglich zu erreichen!

Um 2 Uhr standen wir wiederum unter der das Couloir teilenden Felswand, auf schmaler Firnschneide, ein unzuverlässiger Standpunkt, aber, dank dem Schutz der Felswand, wenigstens lawinensicher. Nur kurz dauerte die Rast, denn die Zeit schritt unerbittlich weiter und des Tages Aufgabe war noch lange nicht gelöst. Mit gleicher Technik den Abstieg fortsetzend, gelangten wir nach abermals zwei Stunden ernster Arbeit bis in die Nähe jener kleinen Felsgruppe, die uns beim Anstieg, vom Eis ablockend, zu einer gewagten Kletterpartie veranlasst hatte. Unmittelbar

oberhalb, wo das Eis nur ganz dünn den Felsen auflag, erwiesen sich die des Morgens geschlagenen Stufen fast aus-
geschmolzen, sodass sie nicht mehr trugen. Wo man den
Fuß ansetzte, glitt er ab, und alle Versuche, den Fels zu erreichen, schlugen fehl. Bei der Steile des Hanges war es ganz
unmöglich, von oben herab neue, feste Stufen in das außerordentlich harte Eis zu schlagen; auch die Versuche, rechts
oder links auszuweichen, schlugen fehl. Fahlweiß und grau
bewegt lag die gähnende Tiefe zu Füßen. Unsere Lage war
wiederum eine tiefernste geworden: Am ehesten schien es
noch möglich, um aus dieser Falle herauszukommen, unter
anhaltendem Stufenschlagen ganz weit nach rechts hinüber auszuweichen, wo der Hang anscheinend eine stärkere
Firndeckung trug und schon außerhalb des Lawinenberei-
ches lag. Ein solcher Ausweg hätte jedoch mehr als eine
Stunde Zeit gekostet, und die augenscheinlich an Bedroh-
lichkeit zunehmende Wettergestaltung riet hievon ab. Mithin musste der Abstieg in direkter Linie erzwungen werden. Nach vielem Probieren glückte es auch endlich, etwas
links von der Aufstiegslinie auf eine Schicht weniger wider-
standsfähigen und etwas dickeren Eises zu treffen und dort
Stufen zu schlagen. Nun konnte die äußerst gefährliche
Stelle überwunden werden, indem wir uns weiterhin über
eine benachbarte, kleine Felsklippe unter schwierigen Umständen – da die Felsen völlig glasiert waren – hinabließen,
dann aber nach rechts auswichen und schließlich wieder auf
unsere festen Stufen trafen. Damit war eine der schlimms-
ten Passagen, der ich je an einem Berg begegnete, überwunden und überhaupt die Not des Tages zu Ende, denn von

FRÜHLINGS-ENZIAN

Gentiana verna

BÄRENKLAU

Heracleum

MARGERITE

Leucanthemum vulgare

KRIM-LILIE

Lilium monadelphum

nun ab erwies sich der Hang schon etwas sanfter gelöscht
und darum mit dickerer Firnschichte überdeckt, die weiter
unten sogar in Schnee überging. Mächtige Haufen von La-
winenschnee und Eis waren während des Tages vom Berg
abgeschüttelt worden und lagen als ernste Mahner umher,
auch fernerhin auf der Hut zu sein; zudem sollte die Lehre
des Morgens beherzigt werden, um nicht wieder in das
Spaltengewirr des unteren Gletschers zu gelangen. In weitem Bogen wanderten wir also nach Osten hinüber, bis unter die Wände von Mr. Freshfields »Hörnli«. Dort erst befanden wir uns in voller Sicherheit, und da nun alle Sorge
um die Lebenserhaltung gewichen war, kam mir erst zum
Bewusstsein, wie sehr mich Arme und Füße schmerzten,
Erstere durch das lange, dauernde Einschlagen des Pickels,
Letztere infolge des Druckes der Steigeisenriemen, die seit
17 Stunden die Füße beständig einpressten.

Um 8 Uhr abends erreichten wir bei eintretender Dunkelheit das Ende des Eises, die große Stirnmoräne. Eine
kurze Rast, eine kleine Stärkung mit dem spärlichen Rest
aus der Kaffeeflasche, und dann wurde in tiefer Dunkelheit
weiter hinabgestolpert über Moränenblöcke und Schneefelder; doch noch eine letzte Probe zähen Widerstandes setzten die hochgeschwollenen Gletscherbäche dem Abstieg
entgegen. Um in finsterer Nacht über glatte, von wilder Flut
umtoste Blöcke mit todmüden Gliedern zu springen und dabei nicht ins Wasser zu fallen, bedarf es schon eines besonders gütigen Schutzengels, der offenbar während dieser fast
21-stündigen, gefährlichen Bergwanderung uns in seine ei-
genste Hut genommen hatte.

Als wir um 9½ Uhr im Lager eintrafen, lagen die Leute bei einem schwachen Feuer vor dem Zelt, dessen trauliches Blinken schon von weitem die Phantasie zu verlockenden Bildern köstlicher Ruhe anregte. Einige Becher heißen Tees wirkten wunderbar kräftigend und belebend, aber die Müdigkeit übertrumpfte doch für den Augenblick den Hunger, und so krochen wir rasch in die Schlafsäcke. Wenn ich in der Nacht öfters erwachte – man schläft bei großer Ermüdung nicht fest –, dann dünkte es mich, im Rückblick auf die Ereignisse des Tages, wie ein halbes Wunder, dass ich wirklich hier geschützt in sicherem Zelt und nicht auf den Flügeln der Lawinen in irgendeinem dunklen Abgrund gebettet lag. Das Klatschen des Regens an das Zeltdach gab mir noch in später Nachtstunde allerdings unwillkommenen Beweis für die Tatsächlichkeit meines Daseins.

Cenzi von Ficker

UND DER USCHBA

»Zwei Nächte und einen Tag hatten wir in der sumpfigen, fiebererfüllten Luft Batumis geschmachtet, und nach diesem durch Umpacken bedingten Aufenthalt wurde in brutheißen, überfüllten Wagen der transkaukasischen Bahn der Weg nach Kutaissi fortgesetzt« – so beschreibt die Österreicherin Cenzi von Ficker selbst den Beginn eines Abenteuers, das sie bald in eisige Höhen brachte und ihr etwas zuteilwerden ließ, was weder vor noch nach ihr je einer Bergsteigerin geschah: Sie bekam einen Berg geschenkt. Und zwar nicht irgendeinen, sondern den sagenumwitterten Uschba – den Berg, von dem es in der Zeitschrift des deutschen und österreichischen Alpenvereins 1904 hieß: »Kein Berg außerhalb der Alpen – abgesehen von jenen Bergen, bei welchen die Höhe das Haupthindernis der Besteigung ist – hat so lange allen Versuchen getrotzt, wie der Südgipfel des Uschba (4737 m) im Kaukasus.«

Die Gruppe von Bergsteigern unter der Führung von Willi Rickmer Rickmers, mit der Cenzi von Ficker unterwegs war, kam – sportlich genug – im Juli 1903 über die Gipfel der Laila-Kette nach Swanetien. Ihren ersten Eindruck beschrieb sie so: »Zu unseren Füßen lag Swanetien, fremdartig, seltsam schön für uns heimatferne Fremdlinge. Da grüßten keine freundlichen Dörfer aus der Tiefe; altersgraue, halb zerfallene starrten turmbewehrt in die Höhe, eine gar heroische Staffage für die gewaltigen Bergzinnen in der Runde.« Ziel der Expedition war explizit die Erstbesteigung des Uschba und dazu noch einer Reihe anderer Gipfel des Kaukasus. Cenzi war die einzige Frau in der Gruppe.

Am 19. Juli brechen Rickmers, Cenzi und ihr Bruder Heinz, Franz Scheck, Adolf Schulze und der einheimische Führer Muratbi von Betscho aus auf, um am Fuß des Gletschers ein Lager aufzuschlagen. Eine erste Erkundungstour, bei der die anstrengende Ersteigung einer 300 Meter hohen Wand »zum größten Erstaunen« volle vier Stunden dauert, bringt einen Blick auf den »bösartig anzusehenden« Südgrat und eine Idee, welchen Weg man nehmen könnte. Scheck bleibt zurück, um zu fotografieren. Nach einem Aufstieg zum letzten noch halbwegs lagerfähigen Platz in der Felswand folgt eine Nacht auf einer von Eis gesäuberten schräggeneigten Felsplatte, auf der die angeseilten Bergsteiger zu ruhen versuchen, aber »niemand konnte der Kälte wegen rechten Schlaf finden«.

Der nächste Tag soll den Erfolg bringen. Mehrere Anläufe in den steilen Wänden mit »Experimenten der schwersten und gefährlichsten Art« müssen abgebrochen werden, weil die Routen an unbezwingbaren Überhängen etc. enden. Die Zeit läuft davon, schon recht erschöpft wagen Heinz von Ficker, Adolf Schulze und Rickmers zu dritt einen letzten Versuch, der nach halsbrecherischen Passagen weit nach oben führt und einen erfolgversprechenden Weg zu zeigen scheint, da – so erzählt Heinz von Ficker – »entschwindet Schulze meinem Blick. Plötzlich pendelt ein Körper aus der Wand heraus und verschwindet im nächsten Moment in der Tiefe ... Schulze hängt bewusstlos im Seil, 12 Meter unter mir ... noch heute scheint es mir wie ein Wunder, dass der ungeheure Ruck mich nicht mit heruntergerissen hat … ich will die Situation nicht beschreiben, in der wir uns befanden … Nur das eine sage ich: der Transport unseres Genossen durch die Gipfelwand war das Schwerste und Gefährlichste, was ich je in den Bergen vollbrachte … wir durften von Glück sagen, dass wir nicht 1800 Meter tiefer auf dem Uschbagletscher lagen.« Bei »fast völliger Dunkelheit und dichtem Nebel« erreicht die Gruppe dann nach dramatischem Abstieg irgendwann völlig erschöpft die Felsplatte, von der sie 17 Stunden zuvor aufgebrochen war. Heinz ist an der Hand verletzt, Cenzi nimmt sich Schulzes an, der eine tiefe Wunde am Kopf hat und »dessen Reden nicht immer zusammenhängend klangen … Verhältnismäßig gut überstanden wir alle die Nacht.« Der Versuch wird abgebrochen – aber als die Gruppe am nächsten Tag weiter absteigt und das Lager erreicht, kommen »im Auftrag des Fürsten Dadisch Kiliani« Mädchen, »meine Schwester zu bedienen. Dass ein weibliches Wesen zwei Nächte da oben am Uschba gewesen sei, schien ihnen fast unglaublich, und sie behandelten meine Schwester wie ein seltsames Naturwunder.«

Wenige Tage später versucht der noch leicht angeschlagene Schulze es trotz Verletzung mit einer anderen Gruppe noch einmal und erreicht den Gipfel. Cenzi aber bekommt vom tief beeindruckten Fürsten bei einem »Gastmahl … wobei der Wein in Strömen floß« den Uschba geschenkt. Sie beteiligte sich dann noch an der Erstbesteigung des Schdawleri (3976 m) und anderer kleinerer Berge. Einer wurde ihr zu Ehren (wohl mit leichtem Augenzwinkern) von Rickmers ›Tsentsi-Tau‹ (3869 m) genannt.

Ich, Fürst Tatarchan

Dadeschkeliani, schenke heute

dem Fräulein Cenci von Ficker

aus Innsbruck, als Eigentum

den

Berg Uschba,

das heisst den astronomischen

Punkt $\frac{16°\,19'\,25.89''}{43°\,7'\,34.62''}$ des Мексебаш Тхаш,

(als höchste Spitze) und was nach Norden,

Westen und Süden im alpin topogra-

phischen Sinne als in diesem Bergin-

dividuum gehörig zu betrachten ist

Ezeri
in Suanetien

12/25 Juli 1903. старшпа цфоб

Umstehende Schenkungsurkunde, laut welcher Fürst Tatarchan Dadeschkeliani zu Ezeri der tirolischen Jungfrau Cenci von Ficker den Berg Uschba als Eigentum übergiebt, wurde im Beisein der hierunter unterschriebenen Zeugen ausgefertigt, vom Fürsten Tatarchan Dadeschkeliani eigenhändig unterzeichnet und mit seinem Siegel versehen.

Ezeri 12/25 Juli 1903.

Willy Rickmer Rickmers.

Hubert Wagner

John Harrison Wigner

Franz Scheck.

[unleserliche Unterschrift in georgischer Schrift]

[unleserliche Unterschrift in georgischer Schrift]

Anna Kordsaia-Samadaschwili

MÄDCHEN

Das Geschehene geht dir voran und verfolgt dich.
Swanisches Sprichwort

Mein Mädchen hat ein Mädchen zur Welt gebracht, sagte mein Freund.

Okay, sagte ich.

Ich komm vorbei, sagte er.

Okay, sagte ich.

Er hat schon wieder ein Enkelkind bekommen und er kommt vorbei, sagte ich zu Landa.

Landa sagte, ich sei ein herzloser Mensch. Wenn der Freund ein Enkelkind bekommen hat, freut er sich eben, warum auch nicht! Okay, sagte ich. Sei dankbar, dass er an einem so schönen Tag zu dir kommt, sagte Landa und plauderte noch dies und das, liebe Worte, und ich nickte: Okay, ja, okay.

Ich weiß genau, warum er kommt: Seine Leute feiern natürlich wie die Verrückten die Geburt des neuen Mädchens, mein Freund aber darf nicht trinken, beziehungsweise nicht mehr, denn er hat die vom Schicksal vorgesehenen zweitausendneunhundert Liter Schnaps schon längst hinuntergekippt, und wenn ihm an sich selbst nicht so viel läge, wäre er tot, und zwar schon lange. Jetzt hält er sich von anderen fern, wenn sie trinken, weil er für sich nicht garantieren kann, außerdem zeigt er mir damit, dass ich ihm wichtig bin.

Das mit dem Wichtignehmen versteht sich von selbst –

auch wenn ich es ihm nicht so richtig abnehme, – und er sagte zu mir, wir überlegen uns einen Namen für das Mädchen, na los, mach dir auch mal Gedanken.

Das »Wir überlegen« macht mich fertig. »Wir überlegen« heißt: Mein Freund, seine Frau, von der er seit dreiundzwanzig Jahren getrennt ist, die danach zweimal verheiratet war und derzeit wieder mal darum kämpft, zu meinem Freund zurückzukommen, seine Kinder, die er erst dann abgöttisch zu lieben begann, als sie ihrerseits anfingen Kinder zu bekommen (Eins nach dem andern! Wie die Karnickel!), der idiotische Schwiegersohn (mein Freund nennt ihn so, ich selbst hab ihn nicht mit eigenen Augen gesehen) und die hässliche Schwiegertochter. Das Mädel hab ich gesehen und sie ist tatsächlich hässlich, oh Gott, vergib mir, und dumm ist sie außerdem, denn sie kapiert nicht, dass sie hässlich ist und führt sich auf wie die Schönste unter der Sonne. Und just über den Namen des neugeborenen Kindes jener wunderbaren Schwiegertochter sollten wir entscheiden: ich, mein Freund und meine arme Großmutter Landa.

Der Freund sagte – und so ist es wirklich, echt verrückt –, in seiner Verwandtschaft trügen alle einen Heldennamen aus dem *Held im Pardelfell*, Frauen wie Männer, nur nach Tschaschnagiri wurde natürlich keiner genannt.

Ich halte sie alle für Unholde. Aber nicht die aus dem *Held im Pardelfell*, sondern die aus unserem Viertel. Gott ist mein Zeuge, so was habe ich nie laut gesagt, nur bei mir gedacht. Auch jetzt riss ich mich zusammen, lächelte ihn liebreizend an und sagte, was müsse man da groß überlegen und entscheiden, nennt sie Fatma und fertig. Na, dann schöne Grüße an die Nutten der Familie, erwiderte er. Ganz ohne Groll.

Landa wurde rot. Sie hatte den *Held im Pardelfell* nicht gelesen, kennt ihn nur aus meinen Erzählungen, ich jedoch mag Fatma total und würde wirklich nie ein böses Wort über sie verlieren. Ich nannte den Freund einen Esel. Der Freund entschuldigte sich bei Landa und begann lang und breit zu erzählen, was diese Fatma für eine Frau war, und ich starb vor Langeweile.

Für mich ist die Sache mit dem Namen um einiges einfacher. Meinen Namen trugen schon meine Großmutter, deren Tante, die Großmutter meiner Großmutter und so weiter. Insgesamt fünf Generationen kann ich zurückverfolgen, und in jeder gab es mindestens eine mit meinem Namen. Meine Mutter hieß zwar nicht so, aber schon mein fantasieloser Bruder wollte sich nicht lange den Kopf über einen anderen Namen für seine Tochter zerbrechen. Ich bin mit der faulen Tradition und meinem Namen sehr zufrieden. Ich hab Schwein gehabt, denn wie mein Schicksal so spielt, war mein Vater ein bisschen hippiemäßig drauf und ihm war scheißegal, was die Leute denken; er hätte mich in deutsch-patriotischem Stil Kunigunde oder Brunhilde genannt und ins Unglück gestürzt. Zum Glück wusste kein Mensch, wo sich mein Vater herumtrieb, als ich geboren wurde, und meiner Mutter, ebenso ein bisschen hippiemäßig, aber auch ein bisschen kaukasisch-patriotisch, kamen die Unmengen an Melanias in den Sinn und so wurde ich Melania genannt.

Als ich klein war, dachte ich, die mir unbekannte Ur-Melania sei wunderschön, supernett und überglücklich gewesen. Ich glaubte, die Frauen meines Blutes hätten mir den Namen in der Hoffnung zugedacht, die übrigen Melanias würden mich mit jener großen Melania vergleichen. Aber später, als ich mit der Schule fertig war, sagte mir meine Großmutter Melania, ihre Großmutter Melania sei missgelaunt, von Vorurteilen erfüllt, nur anderthalb Meter groß, dunkelhäutig und ziemlich dürr gewesen, und wäre sie nicht so listig gewesen, hätte sie nie einen Mann abbekommen, mehr noch, mein großgewachsener, starker und hervorragend singender Ururgroßvater hätte sie eigentlich keines Blickes gewürdigt.

Die Sache war so: Melania war eine Waise. Ihre Mutter – ebenso eine Melania – war bei ihrer Geburt gestorben und der Vater fand nirgends eine Dumme, die sich dazu hergab, für vier Waisenmädchen die Ersatzmutter zu spielen. Sie wuchs also in ärmlichen, erbarmungswürdigen Verhältnissen auf. Glücklicherweise waren die drei älteren Mädchen hübsch und gesund geraten und kriegten daher hübsche und gesunde Ehemänner ab. Machte ja nichts, dass sie keine Mitgift hatten, die Mädchen waren schließlich wunderbar. Aus der Letztgeborenen, Melania, wurde jedoch nichts. Die Arme. Doch meine Mutter, meine Großmutter und deren Tante (übrigens auch eine Melania, sie starb mit 102 Jahren vorm Fernseher bei einer mexikanischen Telenovela) erzählten gern und voller Stolz – man konnte meinen, drei swanische Stämme sängen gleichzeitig ihr Sari –, das Schicksal habe ihr anstatt Schönheit eine große Gabe zugedacht. Melania konnte mit Pflanzen sprechen und besaß Zauberkräfte, sie galt als Heilerin; dabei war sie einfach nur ein bisschen listig.

Die Frauen erzählten mir, diese Gabe habe ihr ein Mädchen gegeben. Ein Wechselbalg der Dewis.

Es ist nämlich so: Manchmal, wenn irgendeine Frau und die Frau eines Dewis gleichzeitig ein Kind bekommen, vertauschen die Dewis die Kinder. In stockfinsteren Nächten, wenn die Familienmitglieder des Neugeborenen nicht aufpassen oder andere unglückliche Umstände herrschen, tauschen die Dewis ihr Kind gegen das Menschenkind aus, und die Familie bemerkt das erst, wenn das Kind aufwächst und sich herausstellt, dass es nicht ist wie andere Kinder.

Doch ein Wechselbalg der Dewis ist in Wirklichkeit ein Segen. Es ist freundlich, gutherzig und liebenswert. Es spricht nicht mit Menschen, aber es versteht alle anderen Lebewesen, und sie verstehen es. Wenn jemand ein Dewiwechselbalg hat, wogen seine Felder, mehrt sich sein Hab und Gut, bauen die Vögel auf seinem Dach Nester. Diese Kinder werden von allen Wesen geliebt, denn sie sind reinste Güte. Nur einen Namen geben kann man ihnen nicht, wie sollte man einem Wechselbalg auch einen Menschennamen geben? Und deshalb heißen sie einfach Mädchen oder Junge. Oft haben sie gar keinen Namen, weil sie, zum Leidwesen aller, nur sehr kurz leben.

Die mir in meiner Familie bekannte zweite Melania hatte just so eine Freundin: das Mädchen. Das Mädchen hatte Haare von der Farbe reifen Weizens und Augen blau wie der Himmel. Seine Eltern waren völlig anders, nicht richtig hässlich oder böse, aber eben einfach nichts Besonderes. Das Mädchen der Dewis aber war wunderschön und seine Eltern und Geschwister schworen ständig auf sie: Ich schwör dir bei dem Mädchen, bei meinem guten Mädchen schwör ich dir. Nur gelacht hat das Mädchen nie, sie lächelte nur mit ihren himmelsgleichen Augen und sprach kein Wort, auch sah niemand sie je etwas essen. Keine Ahnung, warum nicht.

Das Mädchen liebte Melania außerordentlich und sie war es auch, die ihr die Sprache der Pflanzen beibrachte. Keine Ahnung, wie.

Jedenfalls wusste Melania dieses Wissen bestens zu nutzen. Sie hatte ein Auge auf einen schönen Mann geworfen und begann umgehend Kräuter zu kochen, um ihn zu betören.

Immer, wenn der Mann zu seinem Feld lief, musste er an Melanias ärmlichem, aber blitzsauberem Haus vorbei und ein wunderbarer Duft strömte ihm in die Nase. Anfangs zog den Mann allein dieser Duft an, dann das Haus, und irgendwann dann auch die winzige Herrin des Hauses, die auf der Schwelle saß und die er sonst überhaupt nicht wahrgenommen hätte. Jetzt jedoch kam ihm das Mädchen nicht etwa klein und schwarz wie ein Käfer vor, sondern er sah, dass sie tintenschwarze Augen, Brauen und glänzende Zöpfe hatte, dass das Mädchen ständig lächelte und dabei herrliche, gesunde Zähne zum Vorschein kamen, und er begriff, dass jene, nämlich Melania, besser war als alle anderen Frauen der Welt.

Wie mir die Meinen erzählten, strahlte am Hochzeitstag meiner Vorfahrin Melania und meines Ururgroßvaters dank des vertauschten Dewimädchens die Sonne, im Frühsommer erblühten die Sommerblumen und die Vögel jubilierten mit Gesängen, die zuvor und danach niemand je wieder vernehmen sollte. Die Braut habe dem Bräutigam gerade so bis zur Taille gereicht, erklärten sie mir, und wie ich die ganze Sache verstand, hatte der Ururgroßvater gesagt, du wirst sehn, was es bedeutet, einen Ehemann zu haben, keine kalte Brise wird dir etwas anhaben können, du wirst den Schchara als Krone tragen. Wenn wir zehn Mädchen hätten, würde ich alle zehn Melania nennen. Mein Augenstern, wie schön du bist, du gleichst Königin Tamar, sagte er.

Hätte ich doch nur gewusst, welche Kräuter diese Melania gekocht hat!

Aber damit nicht genug an Geschenken des Mädchens. Das Mädchen war bei der Geburt eines jeden Kindes von Melania dabei und jedes von Melanias Kindern hatte weizenblondes Haar und blaue Augen wie das Mädchen. Auch jene Melania, die ich erlebt habe. Über ihr Haar kann ich zwar nichts sagen, das war natürlich schon so grau wie meins, aber ihre Augen, die funkelten blau, bis zum Schluss. Einmal sagte sie mir im Vertrauen, sie sähe nicht mehr so gut, sie brauche so lange, den Faden durchs Nadelöhr zu fädeln, dass sie danach auf nichts mehr Lust habe, aber das war für mich nicht zum Lachen. Ich versuche noch nicht mal, den Faden durchs Nadelöhr zu kriegen, ich treffe es ja doch nicht, und die Farbe meiner Augen ist sowieso undefinierbar. Alle meine Verwandten haben blaue Augen, von Mutters wie von Landas Seite, und ich? Tja. Bei mir war der Segen des Mädchens wohl erschöpft.

Mein Freund, der mir im Unterschied zum Urgroßvater nicht den Schchara als Krone versprach und für den ich auch

nicht Königin Tamar gleiche, sagte mir einmal in einem An-
fall von Liebe, ich hätte sehr schlaue Augen. Verdutzt wie ich
war, erzählte ich Landa davon, die stets bedacht war, diesen
Mann zu verteidigen, und auch sie war verdutzt. Sie sagte,
was ich schon gedacht hatte, nämlich: Schlaue Augen, die
hat ein Hund. Ich beschloss, eine Weile mit dunkler Brille
herumzulaufen – Hundeaugen sind echt zu viel des Guten!
Aber ich kriegte es nicht hin, ich kann nicht durch die Brille
gucken, ich schaue nur auf die Gläser, werde von einem
Auto aufgegabelt und dann ist mir weder das Melania-Ausse-
hen beschieden noch ein langes Leben, ich werde auf dämli-
che Art sterben. Das ist völliger Blödsinn mit den Hundeaugen, denn wenn ich schlau wäre, würde dieser Mann jetzt
nicht hier sitzen und ich müsste mir nicht solche Märchen
anhören.

Und wenn wir sie Melania nennen?, fragte er.

Dieser Arschkriecher.

Landa strahlte übers ganze Gesicht.

Hätte ich wenigstens Landas guten Charakter, dann
würde ich mich über mein Äußeres nicht mehr beschweren.

Ich sagte dem Freund, das könne er vergessen. Hätte ich
ihm denn sagen sollen, dass ich meine Melanias vergöttere
und absolut nicht will, dass seine hässliche Schwiegertochter
und sein lahmarschiger Sohn ihrem Kind unseren schönen
Namen geben? Was soll ich machen, ich könnte das nicht
ertragen, der ist ein so traniger Typ, als wäre ihm das Hirn
eingeschlafen.

Ich fand eine Ausrede. Ich behauptete, Melanias seien
unglücklich. Ihre Männer vom Pech verfolgt, die Melanias

alle früh verwitwet, und der einzig Übriggebliebene, mein Vater, würde sich nur deshalb noch heute in seiner angeblich historischen Heimat seines Lebens freuen, weil meine Mutter nicht Melania heiße. Schau mal, sagte ich: Eine Melania starb im Wochenbett – super, oder?! Der herrliche Mann der nächsten fiel im Ersten Weltkrieg, der Mann ihrer Tochter Melania im Zweiten, und jene Melania misstraute mir zeit

ihres Lebens wegen meines deutschen Blutes; ich konnte ihr nie klarmachen, dass Landas Eltern völlig andere Deutsche waren und keinen meiner Großväter umgebracht hatten. Und der Mann meiner Großmutter Melania, mein Großvater, war bei der Überquerung der Berge nach Kabardinien abgestürzt, ein Fluss riss ihn mit, er wurde nie gefunden, sagte ich. Also sterbe ich demnächst auch?, fragte mein Freund. Ich glaube, er bekam es wirklich mit der Angst zu tun. Ich erwiderte, was geht's dich an; wenn du ein Ehemann wärst, dann könnte man ins Grübeln geraten, aber das bist du ja nicht. Das glaubte er, und er atmete erleichtert auf. Zum Glück war ich so schlau, ihn seinerzeit nicht zu heiraten, ich hätte ihn ins Verderben gestürzt, den armen Kerl.

Kriege und Felsen waren nicht der eigentliche Grund für den Tod meiner Großväter – die brauchte es nur, um sie ins Jenseits zu befördern. Als ich meiner Großmutter erzählte, jetzt hätte ich alles verstanden, lachte sie bitter. Aber ich hab recht, das weiß ich genau.

Damals, in jenem Sommer, hatte ich mich das erste Mal in den Bergen gefürchtet. Warum? Keine Ahnung, jedenfalls hatte ich große Angst. Alleine rauszugehen war schier unmöglich. Ich versuchte das zwar zu verbergen, aber meine listige Großmutter Melania, Enkelin der listigen Melania, merkte trotzdem, dass ich verängstigt war, und gab mir einige gute Ratschläge:

Wenn du hinter dir schwere Schritte vernimmst, die die Erde erbeben lassen, dann kannst du sicher sein, dass es ein Dewi ist. Dreh dich nicht um. Wirf etwas mit der rechten Hand hinter dich, egal was, ob es ein Taschentuch ist oder die Schlüssel, nimm einen Ohrring raus und wirf ihn weg, nimm einen Ring ab, egal. Der Dewi ist ja nackt, er hat nichts am Leib, und Geschenke macht ihm auch keiner. Wirf einen Gegenstand weg und sage laut: Einen schönen Tag wünsch ich dir, Dewi! Ich bin Melanias Mädchen, Melania, nimm dieses Geschenk von unseren Frauen an. Der Dewi wird sich freuen, dir dankbar sein, und wenn jemand dir dumm kommt oder dich kränkt – einen stärkeren Beschützer kannst du dir nicht wünschen.

Wenn du am Flussufer die Kiesel rasseln hörst oder dich ein Kiesel trifft, denk daran, was ich dir gesagt habe: Es ist

Kwasrolia, der Kieselwerfer. Er will dir nichts tun, er will nur deine Aufmerksamkeit auf sich ziehen; er hofft, dass du ihn wahrnimmst und dich mit ihm anfreundest. Kwasrolia ist einsam, immer allein, er ist der Einzige auf der Welt, hat weder Geschwister noch andere Verwandte. Hätte er keine Kiesel geworfen, würdest du ihn nicht wahrnehmen, er ist sehr klein, vier Spannen, wenn überhaupt ... Wenn er dich mit einem Kiesel bewirft, schau ihn an, aber bedenke:

Kwasrolia ist sehr hässlich, er ist zerzaust, schielt, hat schiefe Zähne. Hauptsache, du hast keine Angst. Alle haben vor ihm Angst, bei seinem Anblick rennen alle schreiend davon, und der einsame Kwasrolia bleibt mutterseelenallein am Ufer des Ingur zurück und weint bitterlich, weil er so hässlich und einsam ist. Jedenfalls, wenn du ihn ansiehst, lächle ihm zu, nicke und sage: Einen schönen Tag wünsch ich dir, Kwasrolia! Ich bin Melanias Mädchen, Melania, und unsere Frauen lassen dich grüßen. Danach hast du weder vom Ingur noch von irgendeinem anderen Fluss etwas zu befürchten, Kwasrolia wird dein Freund sein.

Und die Saschscharebi, die Angstmacher?

Großmutter erzählte mir, wenn die Saschscharebi hinter mir her seien, sei ich verabscheuenswürdig und verdiene noch Schlimmeres. Denn Saschscharebi sind nur jenen auf den Fersen, die sich unglaublich besaufen. Sagen wir, irgendein Dummkopf betrinkt sich und wird auf dem Heimweg von den Saschscharebi verfolgt. Sie verfolgen ihn und flüstern: Lauf auf den Sohlen, stell dich auf die Sohlen! Der verwirrte Betrunkene kapiert nicht, was sie von ihm wollen, er fängt an zu torkeln, stolpert über die eigenen Füße und fällt am Ende womöglich hin. Wenn er nicht hinfällt, kann er froh sein. Und die Saschscharebi lachen, sie lachen sich tot. Moment mal, warum solltest du die Saschscharebi eigentlich sehen, du trinkst doch nicht etwa?!

Damals war ich furchtbar empört. Damals kannte ich meinen Freund noch nicht, war noch nicht verlottert und versoffen, und ich hatte noch nicht die letzten zehn Jahre des vergangenen Jahrhunderts mit Brombeerschnaps verbracht: »Brombeerschnaps – das Getränk verliebter Männer« – so wurde für das Zeug Reklame gemacht, und der Mann war mir auf der Straße entgegengetorkelt, unrasiert und möchtegernsexy. Lauf auf den Sohlen, stell dich auf die Sohlen …

Genau nach diesem Gespräch – wobei ich in den Bergen natürlich trotzdem eine wahnsinnige Angst hatte, aber noch mehr Angst hatte ich vor Melania, und deshalb stieg ich trotzdem hoch, da führte kein Weg dran vorbei – fragte ich Melania jedenfalls, was eigentlich mit Dali sei. Was soll denn mit Dali sein?, fragte sie zurück. Und wenn ich Dali sehe?

Wenn ich an Großmutter Melania denke, hab ich sie immer so vor Augen: Sie wirft den Kopf zurück und lacht herzlich. Die alte Frau hatte Zähne, um die ich sie schon damals beneidete. Was denn, hatten etwa alle Gene bei mir Urlaub oder was?! Melania aber lachte und lachte, und ich war ein bisschen beleidigt: Wenn mich nun der Dewi und Kwasro-lia irgendwo anspringen würden, wäre das gar nicht lustig! Und Dali, ist die etwa lustig oder was?

Melania sagte, dass Frauen Dali nicht sehen können. Dali ist die Göttin der Jagd, und wo gibt's denn weibliche Jäger, bitteschön?! Dali hat goldenes Haar und ist so schön wie niemand sonst auf der Welt. Woher ich das weiß? Von den Männern. Dali können schließlich nur die Männer sehen. Dali liebt Männer und hat mit jedem, in den sie sich verliebt, eine Abmachung: Sie möchte so und so viele Steinböcke getötet haben, mehr nicht, und der Mann soll niemandem jemals verraten, dass er Dali gesehen hat. Das ist die Abmachung. Verstößt man gegen diese Abmachung, fällt man ins Verderben: Geht man zu einem Felsen, wird man zum Felsen; zieht man in den Krieg, kehrt man nicht zurück; schlägt ein Blitz ein, wird man garantiert getroffen ... Es ist schließlich Dali, nicht irgendein dahergelaufenes Weib, und abgemacht ist abgemacht.

Ich sagte: Großmutter, derjenige, der dir von Dali erzählt hat, muss sie doch gesehen haben, oder? Und wenn er das verraten hat, was dann? Melania verstummte grimmig. Hab ich das richtig verstanden?, fragte ich. Melania lachte bitter, nicht mehr so wie sonst, und jetzt verstand ich, ich Dummkopf: Sie ist eifersüchtig! Stell dir das mal vor: Meine hundertjährige verwitwete Großmutter ist eifersüchtig auf Dali?!

Viele Jahre später, als sich auch meine Mutter nach Deutschland verdrückt hatte, und ich und Landa allein zurückgeblieben waren, erzählte ich ihr von meiner Vermutung, einfach so aus Spaß. Und meine überaus gesittete Pietisten-Großmutter meinte, das wundere sie überhaupt nicht, sie sei zum Beispiel auf Dina Durbina eifersüchtig gewesen. Mir fiel das Kinn herunter. Im Ernst?, fragte ich. Klar, erwiderte sie, dein Großvater hat bis zur Zwangsübersiedlung und selbst danach noch ständig von ihr gesprochen, um die zehn Fotos hatte er mindestens von der Frau. Ich traute meinen Ohren nicht. Dina Durbina ist zwar sehr hübsch, aber an Landa kommt sie nicht ran! Und was sollte eine Dina Durbina mit meinem Großvater, dem Neu-Tifliser?! Bei Dali hab ich ja noch Verständnis, aber Dina Durbina?!

Das Problem hab ich nicht, ich bin generell nicht eifersüchtig, meinen Freund hat das anfangs ein bisschen irritiert. Mittlerweile ist klar: Wer braucht schon Eifersucht, was gibt es da eifersüchtig zu sein! Selbst damals in Gagra, als er noch wie ein Westernheld ausgesehen hatte und das ganze »Dom Twortschestwa« bei seinem Anblick in Ohnmacht gefallen ist, bin ich nicht eine Sekunde eifersüchtig gewesen. Zumindest dachte ich das oder war sogar vollkommen überzeugt davon, denn ich trug einen gerüschten, schwarz gepunkteten, völlig idiotischen Rock, wackelte beim Tanzen mit dem Arsch, sang aus voller Kehle, hieß Melania, und das Leben ist leicht, wenn einem das Meer bis zu den Knien reicht … Scheinbar hatte im vergangenen Jahrhundert die Gabe des Mädchens noch gewirkt; das blauäugige Mädchen hatte ja nicht nur der großen Melania die Sprache der Pflanzen beigebracht.

Mein Freund überlegte und überlegte – ihm war anzusehen, dass er sich ein bisschen schwertat – und dann sagte er:

Ja, aber als deine Nichte Melania genannt wurde, hattet ihr da keine Angst?

Tja, wenn man einmal mit dem Lügen angefangen hat ... Ich erwiderte, ihr amerikanischer Vater habe gedacht, an der Geschichte sei nichts dran und was solle schon passieren. Aha, sagte der Freund und verstummte, dann sagte er zu der von meinen schamlosen Lügen entsetzten Landa, er wisse ja, sie habe immer irgendwo was zu trinken versteckt.

Als wir Landas Reserven hervorgeholt hatten und ich nochmal Nachschub holen gegangen war – lauf auf den Sohlen, stell dich auf die Sohlen –, tranken wir und hatten einander furchtbar lieb, wie damals, als wir furchtbar gesoffen hatten, und das Leben war leicht, wenn einem das Meer bis zu den Knien reicht ... Und wir sangen wieder so, wie wir damals gesungen hatten, als wir furchtbar gesoffen hatten, und mein Freund sagte zu Landa, er liebe mich so sehr, dass er nicht wisse, wo ihm der Kopf stehe.

Hätte er das früher gesagt, als ich noch zwei Melanias hatte, hätte ich auf jeden Fall ein Mädchen geboren. Es hätte Mädchen geheißen und hätte weizenblondes Haar gehabt und himmelblaue Augen.

Die neue Enkelin meines Freundes haben sie Dawari genannt. Sie sind wirklich Unholde.

Abo Iaschaghaschwili

GESCHICHTEN,
AUF EINEM MEHLSACK
GESCHRIEBEN

Im Sommer 2020 erforschte ich wandernd
Swanetien. Bei zufälligen Treffen und Gesprächen
am Abend notierte ich, was mir erzählt wurde.
Diesen Atem Swanetiens möchte ich hiermit teilen.

Nikoloz Vibliani, Schüler
(hat einen Karabiner umgehängt, ist unterwegs zu den
Wasserfällen am Donghuz-Orun-Pass, seine Augen
glänzen)

- Irgendwo hier soll ein Flugzeug voller Gold abgestürzt
sein, irgendwo hier in der Nähe. Wenn ich wüsste wo, hätte
ich ausgesorgt. Gold gibt es hier allerdings sowieso. Schau
mal, diese roten Steine. Wo es die gibt, da gibt es Gold. Hast
du schon mal Ghehi[1] probiert? Das gibt's hier auch überall. Schau mal, der Baum, auf den bin ich mal raufgeklet-
tert, wir hatten kein Holz mehr, da hab ich es direkt vom
Ast runtergehackt. Und da hinten, schau, da hat mich mein
Pferd runtergeworfen und am Steigbügel mitgeschleift. Ich
bin mit dem Kopf an mehrere Steine geschlagen, aber ich
hab nur gegrinst. Mit der Schule bin ich bald fertig. Meine
Schulkameraden werd ich dann vermissen, aber die Leh-
rer? Warum sollen die mir fehlen? Die Russischlehrerin hat
mich gehasst! Die Alte hat schon meinen Vater unterrich-
tet, читаем, пишем, повторяем[2], mehr hab ich nicht
gelernt. Oder doch, noch das: даваи ручку пажалуста[3].

1 swanetische wilde Rauschpflanze.
2 »Wir lesen, wir schreiben, wir wiederholen.«
3 »Gib mir den Kukelschreiber« (mit kleinem Fehler).

Über seinem Rücken hängt der Karabiner. Er selbst ist nicht viel
größer als das Gewehr.
– Schau mal, wie interessant das konstruiert ist. Der Druck
kommt von hier, und hier fliegt die Kugel raus. Bei Gewitter
ist so ein Ding gefährlich. Man sagt, der Blitz kann in den
Gewehrlauf einschlagen.

Rodam Gvarmiani, aus dem Dorf Tsaler
(steht unter einem hölzernen Gerüst neben einem Turm,
daneben andere Arbeiter)

– Ich heiße Rodam Gvarmiani, arbeite in der Verwaltung,
oben in Mestia. Meine Familie ist schon lange hier. Da hinten siehst du den Kilot. Auf diesen Berg setzten sich die Riesen, ihre Beine streckten sie bis hinunter in den Ingur[4] im
Tal. So war das, sagt man, zu den Zeiten als meine Vorfahren
sich hier angesiedelt haben, zwei Brüder, die in diese Gegend kamen. Siehst du die Wiese? Da haben sie einen Hirsch
getötet, den haben sie dem Fürsten Dadisch Kiliani gegeben.
Der liebte das Knochenmark; er zerbrach die Knochen, und
es hat ihm wirklich gut geschmeckt. Danach hat er zu den
Brüdern gesagt: ›Ihr seid doch gute Jäger – im Dorf, in Etseri,
kommt jede Nacht ein seltsames Wesen angeflogen, es hat
die Stimme einer Frau. Holt es mir!‹ Als die Brüder es getötet hatten, sahen sie, dass es den Leib eines Vogels hatte, aber

4   der Fluss im Tal

der Kopf war der einer Frau. Sie haben es beerdigt. Der Fürst fragte die Brüder, wie er sie beschenken könne; und sie sagten: ›Gib uns den Ort, an dem wir den Hirsch getötet haben, da wollen wir uns ansiedeln.‹

Später gab es da unten heftige Kämpfe. Gegen die Mongolen taten sich alle aus der Gegend von Etseri zusammen. Es gab sogar ein eigenes Kriegslied für die Schlacht. Und einen Schwur, der sie zusammenschweißen sollte: *A Cheq, A Fusd, A Tsirkh*. Knie, Gott und Tod. A Tsirkh heißt ›erwürgen‹, also ›Tod‹. Ich sage oft zu den Menschen oben aus Mestia: ›Ihr seid so lange frei gewesen, weil wir hier den Feind zurückgeschlagen haben und er nicht zu euch hoch kam.‹

Da in Mestia feiern sie nicht mal ein richtiges Lichterfest. Das echte Lichterfest ist erst nach diesem Krieg entstanden. Man zündet das Feuer da an, wo man dem Feind begegnet ist und ihn erschlagen hat, dahin sollen alle zu Hilfe eilen. Fürs Feuer darf man nur Birkenholz nehmen, na ja, Eichen auch. Danach begann dann das Siegesfest, das Fest des Schah; auch das entstand nach diesem Sieg. Der, der den Schah spielt, wird auf einen Karren gesetzt, aber man zieht ihn komisch an, und jemand muss Schnaps holen für ihn, mindestens zwei Liter.

Da, wo die Schlacht war, gab es in alten Zeiten auch den

einzigen Tempel des Vatergotts. *Fusd Mham,* so heißt dieser Ort. Man erzählt, dass der Vatergott einen Widder zur Erde geschickt hat, der hier auf die Erde fiel. Deswegen hat man diesen Tempel hier errichtet. Während des Krieges, von dem ich erzählte, wurden alle Tempel zerstört, auch dieser, und die Ikone teilte sich in drei Teile. Einer davon wurde zum Berg, der zweite zu einem Stein wie diesem – schau mal, wie der glitzert. Und den dritten nennt man die fliegende Ikone. Beim Jüngsten Gericht werden alle drei wieder zusammenkommen.

Ein anderer Arbeiter im Muscleshirt mischt sich ein
– Erzähl doch auch mal von sowas: Das ist ein Radiorekorder aus dem zwanzigsten Jahrhundert!, – *und er zeigt auf den Doppel-Kassettenrekorder. Er grinst.*

Rita Gujejiani, eine Witwe aus dem Dorf Phari
(erzählt während des Abendessens in der Küche)

Omech hat ihn getötet. Hier in der Küche. Gib mir dein Auto, hat er gesagt! Es gab Streit. Dann hat er ihn auch noch beschuldigt, im Afghanistankrieg kleine Kinder ermordet zu haben. Und den haben wir noch selbst hierher geholt. Fahr weiter, halt nicht an, hab ich meinem Mann gesagt, der

KAUKASUS-MOHN

Papaver oreophilum

ROSEN-WALDMEISTER

Phuopsis stylosa

ADISCHI-
GLETSCHER

KAUKASUS-
RHODODENDRON
Rhododendron caucasicum

SKABIOSE

Scabiosa

(MIT KLEINEN WIDDERCHEN)

hat eine Kalaschnikow auf dem Rücken. Aber Jilfon hat gesagt: Wie kann ich den am Straßenrand stehen lassen, der winkt uns, der will, dass wir ihn mitnehmen. Und da hat er angehalten und Omech ist eingestiegen.

Als wir dann mit ihm nach Hause gekommen sind, hat mein Sohn – ein ganz kleiner Knirps war der noch, damals –, da hat mein Sohn gesagt: ›Das gibt Ärger, der wird meinen Vater umbringen‹, und ist auf Zehenspitzen rausgeschlichen. Es war ungefähr dieselbe Zeit wie jetzt, kurz vor Abend.

Hinterher hat Omech es bereut: ›O je, Jilfon, warum ist mir sowas passiert?‹, hat er gejammert: ›Warum ist mir sowas passiert, warum sowas!‹

Sein Sühnegeld wollten wir nicht, das haben wir zurückgegeben.

Die Ärzte waren besoffen. Die Kugel hat die Arterie getroffen, mein Mann hat dann zu viel Blut verloren.

Ja, ein Bandit war der, ein Räuber. Als sie den Pick-up überfallen haben, habe ich ihn erkannt. Ich saß ja auch auf dem Pick-up. Das waren noch Zeiten. Wir haben damals acht Stunden für den Weg gebraucht. Auf die Mehlsäcke hatten sie es abgesehen. Die Menschen haben sie runtergetrieben

vom Wagen. Legt an diesem Stein alles ab, was ihr dabeihabt! Da habe ich Omech wiedererkannt. Klar, die waren maskiert, aber an seinem Gang habe ich ihn erkannt. Geld, Gold, Schmuck, alles haben sie mitgenommen. Danach, als sie mitgekriegt haben, dass ich ihn wiedererkannt habe, haben sie mir mein Geld zurückgegeben. Sie haben es mir geschickt.

Lali Nikoloziani im Dorf Latali
(in der Küche, Kubdar[5] backend)

– Ich dachte, ich hätte einen klugen Sohn. Aber der ist verrückt. Der hängt am Himmel. Als ich es das erste Mal sah, bin ich auf einen Schlag zehn Jahre älter geworden! Als ich sah, dass er nur an zwei Fäden hängt. Da habe ich gemerkt: der ist verrückt!
Ihr Sohn war der erste Paraglider in Swanetien.

Jemal Gujejiani aus dem Dorf Etseri
(auf einem Balkon mit herrlicher Sicht auf die Bergkette des Lailamassivs. In der Ecke die Felge eines Lastkraftwagens, auf die eine Satellitenschüssel geschweißt ist. Er hat ein riesiges Messer in der Hand und schmunzelt, als sei ihm etwas besonders gut geglückt.)

---

5 Gefüllte Teigtaschen.

- Ich habe grad ein Schwein geschlachtet.

Eine alte Frau kommt auf den Balkon. In ihrem Mund blitzen Goldzähne und um den Kopf hat sie ein Tuch gewickelt.

- Wie hat es dir bei Rita gefallen?, – *fragt sie ihn.* – Früher habe ich auch so gut ausgesehen wie sie, – *sie lächelt spitzbübisch* –, jetzt bin ich alt geworden.

Sie nimmt das Tuch ab und man sieht ihr sehr kurzes Haar.

- Da hast du mich ordentlich rasiert.

- Zuerst wolltest du es, danach hat es dir nicht mehr gefallen, – *Jemal lächelt.*

- Ja, ich hab ausgesehen wie ein Mann.

- Mit der Schermaschine habe ich sie ganz kahl rasiert, – *sagt Jemal zu mir. Er dreht sich eine Zigarette.* – Rauchst du? Ja, ich hab mal einen Monat aufgehört, aber dann habe ich wieder angefangen.

- Den guten Tabak gibt es nicht in Swanetien, der geht sofort nach Tiflis. Was gut ist, geht weg. Auch von den Ärzten bleiben nur die schlechten, – *sagt wieder seine Mutter.*

- Dafür kommen seltsame Leute hierher. Sie gehen mit Skiern den Berg rauf. Ja, wirklich, die kleben unten Felle dran. Bis zum Gipfel gehen die hoch. Einer war hier, auf dem Balkon, ich denke, es war ein Ukrainer. Guckte den Berg mit ganz glasigen Augen an und sagte: ›Was kann es Schöneres geben?‹ Mir geht dieser ewige Bergblick schon bis hier, – *sagt Jemal und macht eine verächtliche Geste.*

- Hast du den Traktor repariert?, – *fragt ein Verwandter, der auch noch dazukommt.*

- Ich habe den ganzen Motor ausgetauscht. Tausendfünfhundert Lari hat mich das gekostet, – *aus dem Zimmer riecht* man *Baldrian*. – Hier zu leben ist hart. Hier muss man das Vieh sechs Monate lang mit Heu füttern, unten nur einen Monat. Deswegen ziehen viele weg. Schau mal das verlassene Gehöft da oben, – *er gibt mir das Fernglas* – die hatten einen Haufen Ziegen. Aber dann kam immer ein Gespenst, ja wirklich, sowas wie ein Teufel. Das störte das Melken. Deshalb haben sie es gejagt. Und als sie es hatten, wollten sie es töten. Da hat es auf Swanisch gesagt, ›das Messer gehe durch!‹ Und es ist wirklich einfach durch das Gespenst durchgegangen und der mit dem Messer hat sich am eigenen Bein verletzt. Und dann hat dieses Wesen sie verflucht. Danach ist die ganze Sippe ausgestorben. Da unten gab es einen Zaun, und im Winter sind ihre Kinder mit dem Schlitten runtergefahren, hoch, runter, hoch, runter. Einmal kamen sie dann nicht mehr nach Hause. Man hat sie am Zaun gefunden, sie sind mit dem Schlitten auf den Zaun drauf und mit dem Hals hängengeblieben.

Schwalben segeln zwischen den Felsen und schauen ins Tal

– Also mit Leuten aus Mestia bist du befreundet! Klar, was macht jemand wie du sonst in dieser Gegend?, – *sagt der Fahrer eines Autos, das aus Betscho kommt und mich mitnimmt.*
– Meine Schwester hat mir ein Paket aus London geschickt und der Zoll verlangt von mir vierhundert Euro, – *sagt ein Mitfahrer aus Mestia, den er auch mitgenommen hat.*
– Was ist da eigentlich drin?

- Das Paket ist zweitausend Pfund Sterling wert.
- Sag mir noch mal, wie alt du bist!
- Mir fehlen acht Jahre bis zu meinem Sechzigsten.
- So was habe ich nie gehört. Warum sagst du nicht einfach: ›knapp über fünfzig‹? Hast du sowas schon mal gehört? – *Der Fahrer lacht und guckt mich an.*
- Da hat wirklich jemand angehalten?, – *fragt mich am Abend David Vibliani im Dorf Nakra.*
- Ja.
- Eigentlich hält hier keiner an. Da hast du wirklich Glück gehabt!

David ist beim Grenzschutz. Hat vier Kinder, drei Brüder und zwei Traktoren.

Wir sitzen in der Küche, auf dem Tisch Wildbret und eine Flasche Obstler mit Walnussschalen.

Mit jedem Glas kommt die Grenze zu Kabardino-Balkarien näher.

- Nach Kabardino-Balkarien kommst du über den Donghuz-Orun-Pass. In deren Sprache heißt er ›der Schweinekopf‹. Hoch ist er nicht. Wir nennen ihn ›Damenpass‹. Balkaren sind top Menschen, die sind wie die Swanen: mutig! Top Menschen! Die lassen sich von den Kabardinern nicht unterdrücken. Die haben mir ein Snowboard geschenkt. Das war das erste Snowboard in Swanetien. Ist schon eine ganze Weile her, in den Achtzigern. Keiner wusste, was das ist. Skier haben sie mir auch geschenkt. Das waren Skilehrer vom Elbrus, und ich bin damit über diesen Pass zurückgekehrt. An den Füßen Skier, auf dem Rücken ein Snowboard; da haben die Swanen gestaunt.

*In diesem Teil Swanetiens gibt es kaum Touristen. Deswegen sind
die Portionen größer, die Tafel ist voller. Ins Lunchpaket haben sie
mir vier Eier gelegt, sechs Stück Käse. Brot, Chvischtari[6] und Kä-
sebrot, eine Menge. Beim Frühstück hat man mir noch vier Eier
gebraten.*

– Komm, wir gehen raus. Ich hab dir doch erzählt, dass
mein Vetter hier ein Museum eröffnet hat. Er läuft mit einem Metalldetektor rum und findet Sachen, richtig viele,
auch so richtig alte. Wegen seinen Funden glaubt man
jetzt, dass in dieser Schlucht hier die erste Siedlung Swanetiens war.

Wir laufen an ein paar Häusern vorbei.

– Kostet Eintritt!, - *sagt der Vetter vor dem Museum, rot im Gesicht vor Anstrengung, er hat grade Holz gehackt.*

– Aber natürlich, ich lass dir was von meinem Schweizer
Bankkonto überweisen, - *antwortet ihm David.*

*Wir sind eingetreten, an den Wänden stehen zwei Regale. Darin
alte Pfeilspitzen, bronzene Äxte, in der Mitte sieht man einen bronzenen Widderkopf.*

– Sehr schön!

– Hast du das gesehen?

– Ja, wirklich, ganz toll.

– Der läuft rum und findet solche Sachen.

– Schau mal die schönen Fibeln.

– Wenn du so weitermachst, wirst du noch das Grab der Königin Tamar finden, - *David ist stolz auf seinen Vetter.*

– Da oben gibt es eine Höhle, vier Stunden zu Fuß von hier, –

6 Gebackenes Maisbrot mit Käse.

sagt er zu mir, – da ist ein Steinkreuz. Man nimmt an, dass da oben Königin Tamar[7] begraben ist.

– *Ich kenne allein in Swanetien mindestens vier Orte, an denen Königin Tamar begraben worden sein soll.*

– Jetzt muss man bald Heu machen, da fängt die Quälerei wieder an, – *sagt Davids Bruder, als wir an seinem Zaun stehen und über den bronzenen Widderkopf sprechen.*

Ich liebe diese entlegenen Dörfer, in denen der Tourismus noch nicht Fuß gefasst hat. Sie haben eine ganz andere Aura. Selbst die Hunde sind noch echt böse. Sind noch nicht von Touristen fettgefüttert und wedeln beim Näherkommen nicht mit dem Schwanz, sondern ziehen die Lefzen hoch und knurren einen böse an.

Ich erinnere mich an die Zeit, als ich das erste Mal nach Swanetien kam, im Mai 1998. Mit einem klapprigen russischen Minibus. Fühlte sich an wie in einem Panzer. Der war vollgepackt mit Mehlsäcken, einige (auch ich) saßen direkt auf den Säcken, alle haben geraucht, und ich habe versucht, durch das kleine Fenster die Berge

---

7 die sagenumwobene Königin Georgiens (1160–1213), während deren Herrschaft, dem ›goldenen Zeitalter‹, Georgien maximale geographische Ausdehnung, größten Einfluss und florierende Wissenschaft, Künste und Kultur hatten. Sie soll eine besondere Vorliebe für Swanetien gehabt haben.

anzuschauen. Der Minibus hat ständig angehalten und es sind immer mehr Menschen reingekommen, am Ende war er voll wie eine Sardinenbüchse.

Ich erinnere mich, wie wir nach Etseri kamen, oder war das Latali?, ich kann es nicht genau sagen, wegen der Säcke konnte man kaum durch das Fenster schauen. Mitten auf der Hauptstraße war ein Haufen Weizen, zwei Ochsen an ein Dreschbrett gespannt, darauf ein Mann, der den Weizen drosch. Wir standen im Stau, die Autos warteten, bis die Drescharbeit fertig war. Und das mitten auf der Hauptstraße! Wo bin ich hier gelandet?, habe ich mich gefragt.

Wenn es einen Raubüberfall gab, ist der Polizeichef von Mestia von Dorf zu Dorf gelaufen und hat eine große Ikone dabei gehabt. Hat in jedem Dorf die Bevölkerung zusammengetrommelt und alle auf die Ikone einen Eid ablegen lassen, dass sie nichts damit zu tun haben. So hat er die Untersuchung geführt. Das waren seine kriminalistischen Methoden.

Wenn ich im Zentrum von Mestia in die Geschäfte ging, in denen Kerzen, Kerosin, Seife, Nudeln, Salz und Ähnliches verkauft wurde, und dort nach Zucker fragte, gab es das nicht. Zucker gab es nicht. Man hat mir stattdessen Salz angeboten.

Als ich schon eine ganze Reihe Geschäfte durch hatte, sagte mir eine Frau: Zucker, das gibt's höchstens in der Apotheke.

Ich vermisse diese Zeit.

In einem winzigen, vergitterten Zimmer waren alle Schätze des Museums von Mestia zusammengehäuft. Ich sah dort eine Ikone aus dem 12. Jahrhundert mit den vierzig Märtyrern von Sebaste. Das hat sich mir tief eingegraben. Jeder Einzelne hatte ganz individuelle Gesichtszüge.

*Jetzt, wo ich in Nakra bin und mit David spreche, kommen die
Gefühle von damals wieder hoch.*

Von oben schaut der Gipfel des Schdawleri herunter.

– Nein, da oben gibt es noch zu viel Schnee. Wenn du im August wiederkommst, werde ich mit dir hochgehen. Jetzt ist es noch zu früh. Bis zum Gipfel kommt man nicht.

– Bedeutet der Name irgendetwas?

– ›Schdawal‹ bedeutet auf Swanisch ›Schwalbe‹.

– Ich dachte, das ist ein deutscher Name.

*Der Ort der Schwalben. Dahinter kommen die Grenze und der
Donghuz-Orun-Pass. Der ›Schweinekopf‹. Zwischen dem Berg der
Schwalben und dem Schweinekopfpass hat Davids Vetter den bronzenen Kopf des Widders gefunden, der einen an das Goldene Vlies
denken lässt.*

*Das Vlies soll auf die goldhaltigen swanetischen Bergflüsse zurückgehen. Man legte Schafsfelle hinein, in denen der Goldsand
hängenblieb.*

*Ob Jason oder die Dioskuren oder die anderen Argonauten sich
vorstellen können, dass im Land des Goldenen Vlieses solch merkwürdige Geschichten zuhause sind?*

Die Texte und ihre Autoren

Gottfried Merzbacher (1843–1926) war Geograph, Forschungsreisender, legendärer Bergsteiger und einer der ersten deutschen Nature-Writer. Er hatte entscheidenden Anteil an der Erforschung der Alpen, des Kaukasus und des Tientschan. Die hier abgedruckten Textpassagen sind – etwas gekürzt und für diesen Band zusammengestellt von Wolfgang Hörner – seinem zweibändigen Kaukasus-Großwerk *Aus den Hochregionen des Kaukasus. Wanderungen, Erlebnisse, Beobachtungen.* Leipzig, 1901 entnommen.

Die »Schenkungsurkunde« des Uschba an **Cenzi von Ficker** (1878–1956) befindet sich heute im Alpinen Museum in München. Sie war eine der bekanntesten frühen Bergsteigerinnen und nahm an Expeditionen in den Alpen, im Kaukasus und im Pamir teil. Den Vorspann zur Urkunde verfasste Wolfgang Hörner auf der Grundlage der Expeditionsberichte von Cenzi von Ficker, Heinz von Ficker und Willi Rickmer Rickmers.

Anna Kordsaia-Samadaschwili (geb. 1968) wuchs in Swanetien auf und ist eine der wichtigsten georgischen Gegenwartsautorinnen. Zahlreiche ihrer Bücher *(Kinder von Schuschanik, Wer hat die Tschaika getötet?, Sinka Mensch)* erschienen auf Deutsch. Ihre – von Sybilla Heinze übertragene – Erzählung *Mädchen* schrieb sie eigens für diesen Band.

Abo Iaschaghaschwili (geb. 1977) ist Schriftsteller und Bergführer. Er lebt in Tiflis, unternimmt aber jedes Jahr mehrwöchige Wandertouren durch die Bergwelt Georgiens. Sein grandioser Roman *Royal Mary. Ein Mord in Tiflis* gewann 2015 den SABA Literaturpreis für den besten Roman Georgiens und ist in deutscher Übersetzung bei der Edition FotoTapeta erschienen. Bei der Verdeutschung der *Geschichten, auf einem Mehlsack geschrieben* half Wolfgang Hörner.

Kat Menschik ist freie Illustratorin in Berlin. Ihre Reihe »Lieblingsbücher« gilt als eine der schönsten Buchreihen der Welt. Zahlreiche von ihr ausgestattete Bücher wurden prämiert.

Zum Buch

Am letzten Abend unserer Wanderreise durch das
wunderschöne Swanetien im Kaukasus blickten wir
vom kleinen Balkon unseres Gasthauses weit über
das Land, über ein großes, sanft geschwungenes Tal
hinüber zu den schneebedeckten Bergriesen Georgiens. Im Tal verstreut die Häuser eines kleinen, mit-
telalterlich anmutenden Dorfes. Die Luft prickelnd
und rein wie Mineralwasser. Vor dem Haus das Ge-
quieke niedlicher, freilaufender Ferkelchen. Der
Gemüsegarten. Das Kartoffelfeld. Die Feldsteinka-
pelle. Der rauschende Fluss im Tal. Das Abendlicht.
Georgischer Wein aus Porzellanbechern. Glück.
Glück. Glück.

Gewandert sind wir durch eine Natur, wie wir sie noch nie gesehen hatten. Die von Weitem grün leuchtenden, wiesenbedeckten Berghänge zeigten sich aus der Nähe als einziger gigantischer Blumenteppich von einer Artenvielfalt und Farbfülle, die uns sprachlos machten. Kilometerweite, teils hüfthohe Blumenfelder, zaunlos, unberührt, weil es – anders als in den Alpen – keine intensive Almwirtschaft gibt. Ein Garten, dekoriert mit türkisgrünen Bergseen, eiskalten Bächen, mächtigen Gletschern und den unverwechselbaren Dörfern Swanetiens mit ihren Jahrhunderte alten Wehrtürmen. Dies war, ich habe lange darüber nachgedacht, die schönste Reise meines Lebens. Und dort, auf dem kleinen Balkon, wurde mir klar, dass ich etwas von der Freude bewahren und unbedingt ein Buch aus den Eindrücken machen *musste*. Der nun vorliegende zehnte Band in der Reihe der »Lieblingsbücher« ist eine Gemeinschaftsarbeit. Unsere gesamte Reisegruppe, beinahe alle in der Buchbranche tätig, hat geholfen, Texte auszuwählen und zusammenzustellen.

Mein herzlicher Dank gilt meinen Freunden Barbara und Stefan Weidle, Carolina Lopez, Wolfgang Hörner, Sascha Moser, Zaal Andronikashvili. Aber auch unseren Wanderführern Abo Iaschaghaschwili und Shako Margiani und all den gastfreundlichen Georgierinnen und Georgiern, die uns beherbergt, für uns gekocht, mit uns getrunken und uns ein klitzeklein wenig an ihrem Leben Teil haben lassen.

Kat Menschik

Durch den wilden Kaukasus ist Band 10
der von Kat Menschik gestalteten Reihe
»Lieblingsbücher«. Ein Jubiläumsband!

Bisher sind erschienen: Franz Kafkas Erzählungs-
sammlung *Ein Landarzt* in der Textgestalt der Aus-
gabe von 1919; William Shakespeares *Romeo und Julia*
in der von L. L. Schücking ergänzten und überarbei-
teten schlegelschen Übersetzung, E. T. A. Hoffmanns
Die Bergwerke zu Falun, Volker Kutschers *Moabit*, Edgar Allen Poes *Unheimliche Geschichten* (in der Auswahl
und benachwortet von Fjodor Dostojewski; neu über-
setzt von Steffen Jacobs und Alexander Nitzberg), Kat
Menschiks *Essen essen*, *Die Puppe im Grase. Norwegische
Märchen* (in der klassischen Übersetzung von Fried-
rich Bresemann), Alexander Puschkins Erzählung
Pique Dame in der Neuübertragung von Alexander
Nitzberg und Kat Menschiks und Dr. Mark Beneckes
Illustriertes Thierleben.
Alle illustriert und in Szene gesetzt von Kat Menschik.

FRANZ KAFKA
EIN LANDARZT
ILLUSTRIERT VON KAT MENSCHIK

Galiani
Berlin

WILLIAM SHAKESPEARE
ILLUSTRIERT VON KAT MENSCHIK

ROMEO
und Julia

Galiani
Berlin

E.T.A. HOFFMANN
Hoffmann
DIE BERGWERKE zu
FALUN

ILLUSTRIERT VON
KAT MENSCHIK

Galiani
Berlin

VOLKER KUTSCHER

MOABIT
ILLUSTRIERT VON KAT MENSCHIK

Galiani
Berlin

EDGAR ALLAN
POE
UNHEIMLICHE
GESCHICHTEN
AUSGEWÄHLT VON FJODOR
DOSTOJEWSKI
ILLUSTRIERT VON
KAT MENSCHIK

Galiani
Berlin

KAT MENSCHIK
ESSEN
essen

(mehr ist mehr!)

Galiani
Berlin

GALIANI BERLIN
ASBJØRNSEN I MOE
die PUPPE
im GRASE

NORWEGISCHE MÄRCHEN
ILLUSTRIERT VON KAT MENSCHIK

ALEXANDER PUSCHKIN

PIQUE DAME

GALIANI
BERLIN

ILLUSTRIERT VON KAT MENSCHIK

Kat Menschiks & des
Diplombiologen
Doctor Rerum Medicinalium
Mark Beneckes
illustrirtes Thierleben

Galiani Berlin

1. Auflage 2021

Verlag Galiani Berlin
© 2021, Verlag Kiepenheuer & Witsch, Köln
Alle Rechte vorbehalten
Illustrationen & Umschlaggestaltung Kat Menschik
Lektorat Wolfgang Hörner
Gesetzt aus der Kinesis von Mark Jamra
Satz Buch-Werkstatt GmbH, Bad Aibling
Druck und Bindung Kösel GmbH & Co. KG, Krugzell
ISBN 978-3-86971-239-0

Weitere Informationen zu unserem Programm finden Sie unter
www.galiani.de